I0567530

# BESTACTIVITYBOOKS.COM

## Copyright © 2022 LINGUAS CLASSICS

Tutti i diritti riservati. Nessuna parte di questo libro può essere riprodotta o usata in alcun modo senza il permesso scritto del detentore del copyright, eccetto per l'uso di citazioni in una recensione del libro.

PRIMA EDIZIONE 2022

Illustrazione Grafica Extra:  www.freepik.com
Grazie a Alekksall, Starline, Pch.vector, Rawpixel.com, Vectorpocket, Dgim-studio, Upklyak, Macrovector, Stockgiu, Pikisuperstar & Freepik.com Designers

Scoprire i Giochi Gratuiti Online

Disponibile Qui:

**BestActivityBooks.com/FREEGAMES**

# 5 CONSIGLI PER INIZIARE

## 1) COME RISOLVERE LE PAROLE INTRECCIATTE

I puzzle hanno un formato classico:

- Le parole sono nascoste senza spazi o trattini,...
- Orientamento: Le parole possono essere scritte in avanti, indietro, verso l'alto, verso il basso o in diagonale (possono essere invertite).
- Le parole possono sovrapporsi o intersecarsi.

## 2) APPRENDIMENTO ATTIVO

Accanto ad ogni parola c'è uno spazio per scrivere la traduzione. Per incoraggiare l'apprendimento attivo, un **DIZIONARIO** alla fine di questa edizione vi permetterà di controllare e ampliare le vostre conoscenze. Cerca e scrivi le traduzioni, trovale nel puzzle e aggiungile al tuo vocabolario!

## 3) SEGNARE LE PAROLE

Puoi inventare il tuo sistema di segni. Forse ne usi già uno? Per esempio, puoi segnare le parole difficili da trovare con una croce, le parole preferite con una stella, le parole nuove con un triangolo, le parole rare con un diamante, e così via.

## 4) STRUTTURARE L'APPRENDIMENTO

Questa edizione offre un **TACCUINO** alla fine del libro. In vacanza, in viaggio o a casa, puoi organizzare facilmente le tue nuove conoscenze senza bisogno di un secondo quaderno!

## 5) AVETE FINITO TUTTE LE GRIGLIE?

Nelle ultime pagine di questo libro, nella sezione della **SFIDA FINALE**, troverete un gioco gratuito!

**Facile e veloce!** Dai un'occhiata alla nostra collezione di libri di attività per il tuo prossimo momento di divertimento e **apprendimento,** a portata di clic!

Trova la tua prossima sfida su:

BestActivityBooks.com/MioProssimoLibro

# Ai vostri posti, pronti...Via!

Sapevi che ci sono circa 7.000 lingue diverse nel mondo? Le parole sono preziose.

Amiamo le lingue e abbiamo lavorato duramente per creare libri di altissima qualità. I nostri ingredienti?

Una selezione di argomenti adatti all'apprendimento, tre buone porzioni di intrattenimento, una cucchiaiata di parole difficili e una spolverata di parole rare. Li serviamo con amore e entusiasmo in modo che tu possa risolvere i migliori giochi di parole e divertirti imparando!

-------

La vostra opinione è essenziale. Puoi partecipare attivamente al successo di questo libro lasciandoci un commento. Ci piacerebbe sapere cosa ti è piaciuto di più di questa edizione.

Ecco un link veloce alla pagina dell'ordine:

### BestBooksActivity.com/Recensione50

Grazie per il vostro aiuto e buon divertimento!

*Tutta la squadra*

# 1 - Scacchi

```
S  N  B  Y  K  F  K  P  A  S  S  I  V  S
M  P  K  X  S  O  I  F  T  P  Q  O  K  O
O  S  I  K  U  F  N  B  L  I  R  W  O  R
D  I  V  L  Q  R  L  G  N  L  B  D  N  T
S  D  Q  H  P  E  B  H  E  L  I  D  K  U
T  T  D  C  V  F  G  V  W  E  G  I  U  R
A  Z  R  H  V  I  D  U  C  R  T  A  R  N
N  H  O  A  R  E  G  L  E  R  Z  G  R  E
D  N  N  M  T  R  M  K  Y  W  B  O  E  R
E  L  N  P  V  E  T  I  D  V  U  N  N  I
R  V  I  I  E  N  G  S  P  B  B  A  C  N
M  G  N  O  R  F  G  I  R  G  H  L  E  G
B  A  G  N  A  P  Q  Y  I  G  P  T  C  Y
U  D  F  O  R  D  R  I  N  G  E  R  B  P
```

MODSTANDER
HVID
CHAMPION
KONKURRENCE
DIAGONAL
SPILLER
SPIL
SORT
PASSIV

KONGE
DRONNING
REGLER
OFRE
UDFORDRINGER
STRATEGI
TID
TURNERING

# 2 - Aggettivi #2

```
S  T  Æ  R  K  S  D  F  U  C  B  A  G  A
U  K  V  Y  O  T  R  U  K  I  E  U  L  N
L  L  R  B  Y  O  A  P  Z  N  S  T  T  S
T  U  E  E  D  L  M  W  N  T  K  E  Z  V
E  A  N  R  A  T  A  S  A  E  R  N  Y  A
N  B  O  Ø  J  T  T  D  T  R  I  T  S  R
K  E  T  M  O  Ø  I  S  U  E  V  I  A  L
N  U  L  T  V  R  S  V  R  S  E  S  L  I
K  O  X  E  E  O  K  Y  L  S  N  K  T  G
Q  K  R  W  G  S  Ø  D  I  A  D  M  E  B
Y  F  H  M  L  A  Z  D  G  N  E  E  T  L
S  U  N  D  A  K  N  N  Z  T  T  S  Y  Z
K  D  Q  I  J  L  W  T  C  C  H  F  Z  T
P  R  O  D  U  K  T  I  V  E  M  Q  H  W
```

| | |
|---|---|
| SULTEN | INTERESSANT |
| TØR | NATURLIG |
| AUTENTISK | NORMAL |
| KREATIV | NY |
| BESKRIVENDE | STOLT |
| SØD | PRODUKTIV |
| DRAMATISK | REN |
| ELEGANT | ANSVARLIG |
| BERØMT | SALTET |
| STÆRK | SUND |

# 3 - Mobili

```
V  M  G  D  S  O  F  A  T  S  R  Z  Z  G
S  P  S  W  B  K  D  K  Æ  K  P  E  T  Y
G  A  R  D  I  N  E  R  P  R  U  T  O  E
W  B  I  M  O  I  M  H  P  I  D  O  D  L
H  Æ  N  G  E  K  Ø  J  E  V  E  S  Q  S
C  N  M  H  Y  L  D  E  R  E  R  T  I  F
E  K  V  A  Z  C  O  W  G  B  R  O  J  U
N  C  U  R  D  Z  J  T  Q  O  L  L  F  T
T  A  K  M  P  R  V  P  X  R  A  S  C  O
C  R  V  O  Q  L  A  O  M  D  M  Y  R  N
Q  S  U  I  P  Y  J  S  U  S  P  E  J  L
M  O  K  R  W  E  S  N  X  Q  E  U  U  S
L  Æ  N  E  S  T  O  L  S  E  N  G  D  E
Y  A  Y  T  J  D  J  Z  C  U  O  H  H  E
```

| | |
|---|---|
| HÆNGEKØJE | MADRAS |
| ARMOIRE | BÆNK |
| PUDER | LÆNESTOL |
| PUDE | HYLDER |
| SOFA | SKRIVEBORD |
| FUTON | STOL |
| LAMPE | SPEJL |
| SENG | TÆPPE |
| REOL | GARDINER |

# 4 - Pesca

```
M  T  S  Æ  S  O  N  N  O  F  F  O  L  N
L  R  F  T  F  X  U  L  V  X  F  C  T  E
O  Å  T  I  R  M  U  Y  E  J  C  E  B  V
K  D  Å  U  N  A  N  K  R  O  G  A  B  Æ
K  K  L  E  F  N  N  J  D  V  D  N  S  G
E  Æ  M  N  U  A  E  D  R  W  A  C  I  T
M  B  O  J  M  K  L  R  I  Z  E  N  U  B
A  E  D  F  E  G  M  W  V  Z  B  Å  D  Z
D  F  I  E  X  Æ  U  T  E  D  V  T  S  Z
B  N  G  A  Q  L  X  K  L  F  D  A  T  F
Q  P  H  Z  D  L  A  J  S  L  E  U  Y  K
W  V  E  V  N  E  E  L  E  O  O  Z  R  P
H  W  D  K  U  R  V  S  Q  D  H  K  K  U
F  B  L  A  P  F  T  Ø  E  B  T  F  A  T
```

| | |
|---|---|
| VAND | KROG |
| UDSTYR | SØ |
| BÅD | KÆBE |
| GÆLLER | OCEAN |
| KURV | TÅLMODIGHED |
| OVERDRIVELSE | VÆGT |
| LOKKEMAD | FINNER |
| TRÅD | STRAND |
| FLOD | SÆSON |

# 5 - Aggettivi #1

```
V  K  C  G  E  N  E  R  Ø  S  E  G  G  C
M  Æ  R  L  I  G  I  H  P  C  L  A  N  G
O  Z  R  S  U  I  X  K  E  K  A  E  C  V
D  F  J  D  M  N  K  X  R  U  N  D  E  I
E  A  K  T  I  V  G  G  F  N  G  F  K  G
R  Y  O  N  D  F  I  E  E  S  S  T  S  T
N  L  A  S  E  X  U  S  K  T  O  U  O  I
E  N  A  H  N  W  Z  L  T  N  M  N  T  G
M  Z  P  C  T  R  T  M  D  E  T  G  I  J
T  A  M  B  I  T  I  Ø  S  R  Y  L  S  I
R  S  A  B  S  O  L  U  T  I  N  N  K  K
H  S  T  R  K  S  X  F  F  S  D  L  Q  A
Y  A  R  O  M  A  T  I  S  K  E  G  J  F
D  K  O  C  R  D  Y  B  L  R  P  J  F  K
```

| | |
|---|---|
| AMBITIØS | VIGTIG |
| AROMATISK | LANGSOM |
| KUNSTNERISK | LANG |
| ABSOLUT | MODERNE |
| AKTIV | ÆRLIG |
| EKSOTISK | PERFEKT |
| GENERØS | TUNG |
| UNGE | VÆRDIFULD |
| STOR | DYB |
| IDENTISK | TYND |

# 6 - Geologia

```
L V K D J Y J A F G G B J L
X G O O O R E D O Y B S O A
V V R C N W Y Q S Y R E R V
L Z A N A T T P S X X M D A
Z Y L E S L I N I A Y I S W
P S A L T A C N L S R N K E
V L N N E G B I E I Q E Æ R
U G A Q N V Y B U N R R L O
L E H T J E Q G L M T A V S
K J P F E K V A R T S L T I
A S T A L A G M I T T E R O
N E H U L E U Q N Z K R D N
U R Z F K R Y S T A L L E R
S T A L A K T I T D K E J X
```

| | |
|---|---|
| SYRE | LAVA |
| PLATEAU | MINERALER |
| CALCIUM | STEN |
| HULE | KVARTS |
| KONTINENT | SALT |
| KORAL | STALAGMITTER |
| KRYSTALLER | STALAKTIT |
| EROSION | LAG |
| FOSSIL | JORDSKÆLV |
| GEJSER | VULKAN |

# 7 - Campeggio

```
I  H  Z  Y  D  D  B  Y  T  N  V  W  K  S
N  P  Æ  O  O  V  B  Y  J  A  G  T  H  S
S  C  A  N  B  R  A  N  D  Y  R  X  H  J
E  T  C  C  G  K  O  M  P  A  S  E  F  O
K  E  G  E  R  E  O  W  C  G  O  R  B  V
T  L  L  G  N  N  K  A  B  I  N  E  E  J
F  T  E  B  W  J  O  Ø  D  C  A  J  V  D
E  G  I  M  J  L  R  K  J  A  T  K  E  N
M  S  K  O  V  E  T  C  K  E  U  R  N  M
Q  Q  A  H  A  T  R  Æ  E  R  R  G  T  Å
W  Y  N  I  F  M  I  G  O  P  H  O  Y  N
L  Y  O  Q  U  J  A  Q  Q  W  K  F  R  E
J  S  Ø  F  N  J  G  M  I  T  P  M  J  M
S  J  J  I  T  C  T  L  U  Y  X  G  E  V
```

| | |
|---|---|
| TRÆER | SJOV |
| HÆNGEKØJE | SKOV |
| DYR | BRAND |
| EVENTYR | INSEKT |
| KOMPAS | SØ |
| KABINE | MÅNE |
| JAGT | KORT |
| KANO | BJERG |
| HAT | NATUR |
| REB | TELT |

# 8 - Arti Visive

```
X  K  S  K  U  N  S  T  N  E  R  K  S  K
R  R  T  T  P  T  R  Æ  K  U  L  R  A  E
M  I  E  H  A  O  L  A  K  J  B  E  M  R
E  D  N  D  R  F  R  S  Q  G  L  A  M  A
S  T  C  C  K  I  F  T  H  N  Y  T  E  M
T  F  I  Y  I  L  L  E  R  P  A  I  N  I
E  O  L  Q  T  M  P  K  L  Æ  N  V  S  K
R  T  B  W  E  K  R  E  Q  I  T  I  Æ  K
V  O  H  G  K  P  N  A  N  C  S  T  T  D
Æ  G  L  P  T  V  O  K  S  A  U  E  N  F
R  R  S  K  U  L  P  T  U  R  I  T  I  Y
K  A  P  E  R  S  P  E  K  T  I  V  N  F
C  F  N  Y  Y  B  Q  Z  T  B  A  Z  G  P
K  I  Z  J  F  I  F  G  K  I  N  D  P  N
```

| | |
|---|---|
| ARKITEKTUR | FILM |
| LER | FOTOGRAFI |
| KUNSTNER | KRIDT |
| MESTERVÆRK | BLYANT |
| TRÆKUL | PEN |
| STAFFELI | PERSPEKTIV |
| VOKS | PORTRÆT |
| KERAMIK | SKULPTUR |
| SAMMENSÆTNING | STENCIL |
| KREATIVITET | LAK |

# 9 - Esplorazione

```
T  B  D  T  X  N  W  V  K  V  Y  S  A  F
P  E  X  Z  U  L  Z  R  U  F  V  P  K  A
U  S  N  N  Q  P  L  X  C  T  Y  Æ  T  R
C  T  P  K  U  L  T  U  R  E  R  N  I  E
Q  E  B  N  E  A  T  K  D  Y  R  D  V  R
S  M  O  D  S  D  R  E  S  M  D  I  I  U
P  M  A  L  T  S  E  N  R  Y  R  N  T  F
R  E  K  V  J  U  J  D  L  R  M  G  E  K
O  L  G  G  I  V  S  T  W  B  Æ  C  T  W
G  S  J  I  R  L  E  W  T  Q  N  N  Y  Y
Y  E  Z  L  O  P  D  A  G  E  L  S  E  D
N  H  T  V  R  I  O  O  V  P  L  X  E  W
U  D  M  A  T  T  E  L  S  E  A  G  Y  V
Z  A  T  S  F  N  P  A  S  Z  K  U  E  U
```

DYR
AKTIVITET
MOD
KULTURER
BESTEMMELSE
SPÆNDING
UDMATTELSE
SPROG
NY

FARER
QUEST
UKENDT
OPDAGELSE
VILD
PLADS
TERRÆN
REJSE

# 10 - Tempo

```
M O R G E N C Y W T P N Q H
F R E M T I D F I D A G M H
J W B D K O D Ø Å W U N Å E
K A L E N D E R R O F F N F
Y O Å R T I G O Z I E I E T
Z O F R K W M K Z K P Z D E
U Å B A H V N A T D Y X T R
P R S Q W U E X A S B A C J
D L F N G U N C P M I N U T
A I U E A K H D T H G R A O
G G K Y Q R F L R C Å F X X
U M V J X S T H P E R C U Y
M I D D A G T I M E D C G R
Q I G B G M O G A X H E E Z
```

| | |
|---|---|
| ÅR | MIDDAG |
| ÅRLIG | MINUT |
| KALENDER | NAT |
| ÅRTI | I DAG |
| EFTER | TIME |
| FREMTID | UR |
| DAG | SNART |
| I GÅR | FØR |
| MORGEN | ÅRHUNDREDE |
| MÅNED | UGE |

# 11 - Astronomia

```
A E Q U I N O X M A N L T A
U N I V E R S O M G A W E S
V B D O A J O R D A W A L T
C A E R O J M Q J L C S E R
S T Y N G D E K R A F T S O
T U J W A R T O P K H E K N
R N P G S M E S L S I R O A
Å E W E T R O M A E M O P U
L B O A R B R O N B M I S T
I U K E O N Y S E H E D B R
N L I K N D O X T D L E B A
G A W O O T Z V C L Y F T K
M Å N E M S O L A B P Q O E
O B S E R V A T O R I U M T
```

ASTEROIDE
ASTRONAUT
ASTRONOM
HIMMEL
KOSMOS
EQUINOX
GALAKSE
TYNGDEKRAFT
MÅNE
METEOR

NEBULA
OBSERVATORIUM
PLANET
STRÅLING
RAKET
SUPERNOVA
TELESKOP
JORD
UNIVERS

# 12 - Circo

```
E F Q S F M R S B I L L E T
U L Z Z E U S P L Ø V E S I
D H E U K S V E U A B E H G
B F N F B I K K L J L Y R E
N T R B A K F T X A O F R R
U J G M L N E A K V M C R S
T E L T L T T K V L M A G I
K C J K O S T U M E O E V A
M D P C N Y W L L N S V Y K
O Q W A E L H Æ K H J W N R
U S M M R V X R T R I C K O
D L N R E A J O N G L Ø R B
Y I M N V K D V I S E V W A
R K N J J E P E L Y T K J T
```

AKROBAT
DYR
BILLET
SLIK
KLOVN
KOSTUME
ELEFANT
JONGLØR
LØVE
MAGI

VISE
MUSIK
BALLONER
PARADE
ABE
SPEKTAKULÆR
TELT
TIGER
TRICK

# 13 - Mitologia

```
Q  X  O  R  J  A  L  O  U  S  I  U  J  H
K  A  T  A  S  T  R  O  F  E  B  W  K  Æ
T  O  R  D  E  N  D  Ø  D  E  L  I  G  V
Q  T  W  F  S  F  P  L  S  A  G  N  C  N
K  T  Y  Æ  G  W  W  A  S  T  Y  R  K  E
U  U  C  R  J  R  H  B  F  G  U  D  E  R
V  H  L  D  F  I  A  Y  D  H  G  Y  T  T
C  Æ  Y  T  X  Z  A  R  K  E  T  Y  P  E
Z  M  S  R  U  P  K  I  K  L  L  L  Y  N
J  N  O  E  E  R  R  N  R  T  R  G  I  W
J  F  G  A  N  C  I  T  B  V  M  W  E  I
S  Z  S  H  M  A  G  I  S  K  M  Q  H  N
H  M  U  D  Ø  D  E  L  I  G  H  E  D  I
S  T  Q  N  D  N  R  J  A  V  V  W  A  Y
```

| | |
|---|---|
| ARKETYPE | KRIGER |
| ADFÆRD | UDØDELIGHED |
| VÆSEN | LABYRINT |
| KULTUR | SAGN |
| KATASTROFE | MAGISK |
| GUDER | DØDELIG |
| HELT | UHYRE |
| STYRKE | TORDEN |
| LYN | HÆVN |
| JALOUSI | |

# 14 - Piante

```
K B A M B U S F L O R A G B
A O U O E N K E W A E T R L
K T W S C T O V G O K S Æ O
T A G R K F V V T R Æ E S M
U N D H A V E R E B Æ R F S
S I K R O N B L A D U H B T
H K L Ø V R J J P U B R F F
V J Z Y D X V G R W Q E J T
U O L H E X Q Ø B I S E N M
F S K O M R O D Ø S O N M D
Z M J S U I P N N F F Q J A
K R J K E N Q I N Y W D Y R
L Q G M T N K N E E P R T J
W G G W H I F G C W G D I X
```

| | |
|---|---|
| TRÆ | GØDNING |
| BÆR | BLOMST |
| BAMBUS | FLORA |
| BOTANIK | LØV |
| KAKTUS | SKOV |
| BUSK | HAVE |
| VOKSE | MOS |
| VEDBEND | KRONBLAD |
| GRÆS | ROD |
| BØNNE | |

# 15 - Spezie

```
E  F  K  A  N  E  L  W  B  N  M  H  W  S
W  K  P  O  P  E  B  E  R  P  V  V  H  P
S  A  F  F  R  O  N  G  S  K  A  I  T  I
Q  N  N  X  Y  I  T  F  N  A  N  D  I  D
W  E  F  H  P  Q  A  P  K  R  I  L  N  S
L  H  F  L  A  Y  T  N  D  R  L  Ø  G  K
A  D  S  U  P  Q  Z  F  D  Y  J  G  E  O
K  N  T  I  R  S  U  P  X  E  E  Y  F  M
R  D  I  T  I  Q  G  Q  P  L  R  E  Æ  M
I  M  U  S  K  A  T  N  Ø  D  W  H  R  E
D  U  Y  Ø  A  F  E  N  N  I  K  E  L  N
S  T  B  D  W  L  B  I  T  T  E  R  X  J
Y  F  R  F  G  Y  T  F  Z  Q  D  H  C  R
G  U  R  K  E  M  E  J  E  G  C  F  T  Y
```

| | |
|---|---|
| HVIDLØG | FENNIKEL |
| BITTER | LAKRIDS |
| ANIS | MUSKATNØD |
| KANEL | PAPRIKA |
| LØG | PEBER |
| KORIANDER | SALT |
| SPIDSKOMMEN | VANILJE |
| GURKEMEJE | SAFFRON |
| KARRY | INGEFÆR |
| SØD | |

# 16 - Numeri

```
M N A S R B D J A W D T R E
X P O V E F E M T O L V O H
B Y T G V K N I T T E N P X
M P N A I N S D E C I M A L
N L I K I E C T N F S X J G
Z V H O K T O I E D S E I H
F J O R T E N N I N H W K Y
I E A W R A O T T E R K S
R T M B N N L Y X O C F N Y
E W D T Q U T V J R A X U V
T C U Y E T R E T T E N L X
B X N Y T N S Y T T E N K J
V U S V L J F Y Y X M C Z V
W S V J P D G I P U Q M Y J
```

| | |
|---|---|
| FEM | FJORTEN |
| DECIMAL | FIRE |
| NITTEN | FEMTEN |
| SYTTEN | SEKSTEN |
| ATTEN | SEKS |
| TI | SYV |
| TOLV | TRE |
| TO | TRETTEN |
| NI | TYVE |
| OTTE | NUL |

# 17 - Cioccolato

```
J A E O S I I J C A C A O Z
O O K W L Æ K K E R S Ø D F
P G R W I Y K A L O R I E R
S G T D K L P G R M B N J K
K L U J N P N P B A J C H O
R F P D U Ø J W I J M D P K
I L Y B X A D X T Q P E U O
F A V O R I T D T H Q K L S
T S U K K E R Y E B Q R V N
J R S M A G O N R R A E Ø
K V A L I T E T Y U N E R D
Y H I N G R E D I E N S A T
H K J I G E K S O T I S K Z
A N T I O X I D A N T U O X
```

BITTER
ANTIOXIDANT
JORDNØDDER
AROMA
TRANG
CACAO
KALORIER
SLIK
KARAMEL
LÆKKER

SØD
EKSOTISK
SMAG
INGREDIENS
KOKOSNØD
PULVER
FAVORIT
KVALITET
OPSKRIFT
SUKKER

# 18 - Guida

```
T  F  V  B  B  C  I  F  S  C  I  Z  C  P
R  O  E  U  H  A  S  T  I  G  H  E  D  W
A  D  J  S  R  S  S  V  K  F  U  W  W  Y
F  G  T  U  N  N  E  L  K  W  L  N  O  E
I  Æ  D  O  K  D  A  H  E  V  A  U  I  C
K  N  R  K  M  O  T  O  R  F  C  L  R  T
P  G  N  W  B  L  R  Q  H  T  D  Y  D  R
O  E  F  A  R  E  I  T  E  R  Z  K  G  A
L  R  B  I  L  E  W  C  D  W  B  K  U  N
I  Z  V  P  D  Q  B  R  E  M  S  E  R  S
T  G  A  R  A  G  E  T  H  N  L  Q  U  P
I  V  W  M  M  I  I  A  S  D  S  L  Y  O
G  A  S  M  O  T  O  R  C  Y  K  E  L  R
B  R  Æ  N  D  S  T  O  F  P  J  C  E  T
```

| | |
|---|---|
| BIL | MOTOR |
| BUS | FODGÆNGER |
| BRÆNDSTOF | FARE |
| BREMSER | POLITI |
| GARAGE | SIKKERHED |
| GAS | VEJ |
| ULYKKE | TRAFIK |
| LICENS | TRANSPORT |
| KORT | TUNNEL |
| MOTORCYKEL | HASTIGHED |

# 19 - Sport

```
M G S M A C C R Y K M H U N
H E Y P Y G Y M N A S I U M
C Y S M I J K I E X C B Q U
N N I T N L E B H B E A V L
W I V U E A L I H I N D S K
R H U L I R S E H O L D B W
G O L F T A S T R F A O A Z
G C U L H B P K I X T M S T
P K V S L C I O A K L M E R
B E V Æ G E L S E B E E B Æ
E Y S T A D I O N X T R A N
Y T L B A S K E T B A L L E
V I N D E R T E N N I S L R
Q A J O X I P O Q S H D H S
```

| | |
|---|---|
| TRÆNER | SPIL |
| DOMMER | GOLF |
| ATLET | HOCKEY |
| BASEBALL | BEVÆGELSE |
| BASKETBALL | GYMNASIUM |
| CYKEL | HOLD |
| MESTERSKAB | STADION |
| GYMNASTIK | TENNIS |
| SPILLER | VINDER |

# 20 - Giocattoli

```
C Y K E L L F F P A S V S R
S K A K T A L J B Å D P Z B
L K Y E Z S Y B Ø G E R I N
K F G Q I T M Y I D T S P L
I A K D W B S L H L U F U Y
E V B U D I T L Y Z E C S A
G O Z D Y L R O B O T R L E
B R U B P H O D U K K E E S
O I T O G Z M F A N T A S I
L T U Y Z L M A L E R G P N
D R A G E S E O G K I C I C
G O J C Q M R M N S H B L F
H Å N D V Æ R K L E P V X P
W C L A N J V T C M V X W M
```

| | |
|---|---|
| FLY | SPIL |
| DRAGE | FANTASI |
| LER | BØGER |
| HÅNDVÆRK | BOLD |
| BIL | FAVORIT |
| DUKKE | PUSLESPIL |
| BÅD | ROBOT |
| TROMMER | SKAK |
| CYKEL | TOG |
| LASTBIL | MALER |

# 21 - Strumenti di Cottura

```
D  K  N  I  V  S  I  O  G  K  X  K  A  Z
R  Ø  U  S  V  A  H  V  C  D  G  E  T  K
G  L  R  C  X  K  P  N  I  B  P  D  T  S
V  E  N  S  P  S  P  A  T  E  L  E  E  X
Y  S  X  R  L  Å  G  A  F  F  E  L  R  N
C  K  O  I  B  A  M  A  S  A  N  J  M  N
Z  A  J  V  D  B  G  H  O  K  Y  D  O  R
K  B  B  E  S  T  I  K  E  O  E  L  M  C
J  G  L  J  P  K  D  B  B  M  L  S  E  W
B  U  E  E  D  X  I  K  A  F  K  D  T  D
N  G  V  R  N  B  K  R  J  U  I  C  E  R
D  U  R  N  O  D  L  O  A  R  K  C  R  Z
W  H  B  K  J  N  E  O  Y  Q  C  C  W  G
N  A  V  B  R  Ø  D  R  I  S  T  E  R  T
```

| | |
|---|---|
| KEDEL | KØLESKAB |
| DØRSLAG | BLENDER |
| KNIV | RIVEJERN |
| LÅG | BESTIK |
| SKE | SPATEL |
| SI | JUICER |
| SAKS | KOMFUR |
| GAFFEL | TERMOMETER |
| OVN | BRØDRISTER |

# 22 - Uccelli

```
T Z T G K D U E F C V H P H
O R A T R H E J R E F S E Ø
U Q R Y B S A O Z L N P L G
C W V F B H D X F W Z U I E
A F P L Æ G G A N D S R K L
N V I A X S Å E R F S V A S
I Q N M P E V S A M T S N A
P W G I Å E Q A O Å O L U M
J S V N F R G Q N G R Z O B
L T I G U Y Ø Ø K E K I E A
Ø R N O G H G Q J E H B U P
P U K Y L L I N G E T C T W
L D Z H S L T E F U T Y E M
Q S H U W J T O W W K I T H
```

| | |
|---|---|
| HEJRE | PAPEGØJE |
| AND | SPURV |
| ØRN | PÅFUGL |
| STORK | PELIKAN |
| SVANE | DUE |
| GØG | PINGVIN |
| HØG | KYLLING |
| FLAMINGO | STRUDS |
| MÅGE | TOUCAN |
| GÅS | ÆG |

# 23 - Giorni e Mesi

```
L  Ø  R  D  A  G  J  U  N  I  D  T  X  J
Y  L  K  J  D  Q  U  P  D  E  E  I  A  A
A  S  N  W  R  W  L  U  H  W  C  R  U  N
C  Ø  E  X  K  M  I  K  V  B  E  S  G  U
A  N  X  P  L  Å  V  D  V  S  M  D  U  A
J  D  X  F  T  N  L  F  Z  Å  B  A  S  R
N  A  K  A  L  E  N  D  E  R  E  G  T  V
O  G  A  S  S  D  M  P  U  B  R  R  J  K
V  P  P  O  K  T  O  B  E  R  R  U  G  E
E  A  O  N  S  D  A  G  E  W  J  U  X  J
M  E  P  F  R  E  D  A  G  R  I  S  A  W
B  U  L  R  W  A  Y  X  O  U  N  B  P  R
E  H  N  Y  I  A  M  A  N  D  A  G  L  H
R  G  J  S  C  L  L  H  F  J  S  B  R  B
```

| | |
|---|---|
| AUGUST | MANDAG |
| ÅR | TIRSDAG |
| APRIL | ONSDAG |
| KALENDER | MÅNED |
| DECEMBER | NOVEMBER |
| SØNDAG | OKTOBER |
| FEBRUAR | LØRDAG |
| JANUAR | SEPTEMBER |
| JUNI | UGE |
| JULI | FREDAG |

# 24 - Casa

```
J J L H E G N T Q G H K K V
O K G A R A G E C N F G J A
M Z B O M S N M G P V C M N
R A W T Æ P P E D K E V U D
H Y O H S V E E D G B J A H
A G I F P S B D J I I T S A
V I N D U E R Ø V L B A S N
E M E O D H U R Æ O L G E E
A O P D X F S W G F I R T S
B X K Ø K K E N R T O D Y Z
I L O F T S R U M I T G C J
W I S V Æ R E L S E E U X B
V X T O U U D B F U K W V K
M Q R F P E T A G E F Q R I
```

LOFTSRUM

BIBLIOTEK

VÆRELSE

PEJS

KØKKEN

BRUSER

VINDUE

GARAGE

HAVE

LAMPE

VÆG

ETAGE

DØR

HEGN

VANDHANE

KOST

LOFT

SPEJL

TÆPPE

TAG

# 25 - Ristorante #1

```
I  N  G  R  E  D  I  E  N  S  E  R  M  G
K  Ø  D  K  N  I  V  A  P  A  F  N  K  S
F  A  C  G  D  K  U  N  P  U  Q  F  K  E
C  A  F  R  U  P  Y  Y  J  C  T  F  Ø  R
P  G  M  F  C  R  N  L  W  E  V  V  K  V
K  L  M  V  E  X  B  G  L  U  T  V  K  I
A  P  A  L  L  E  R  G  I  I  Q  H  E  T
S  S  D  D  G  N  Ø  W  R  M  N  R  N  R
S  I  T  E  E  I  D  F  V  E  J  G  D  I
E  R  B  S  Z  J  E  K  Y  N  V  X  G  C
R  P  L  S  E  R  D  Y  V  U  Y  T  X  E
E  Y  M  E  K  R  Y  D  R  E  T  P  O  L
R. Z  Y  R  S  K  Å  L  I  P  E  N  A  R
B  G  J  T  Y  N  W  C  K  P  B  W  K  P
```

ALLERGI
KAFFE
SERVITRICE
KØD
KASSERER
MAD
SKÅL
KNIV
KØKKEN

DESSERT
INGREDIENSER
MENU
BRØD
PLADE
KRYDRET
KYLLING
SAUCE

# 26 - Fantascienza

```
T  M  Y  S  T  I  S  K  E  G  R  D  D  B
R  E  K  S  P  L  O  S  I  O  N  Y  F  Ø
P  O  K  F  A  N  T  A  S  T  I  S  K  G
L  U  B  N  C  Y  Q  K  F  R  I  T  A  E
A  O  R  O  O  E  M  Z  U  E  L  O  Y  R
N  W  A  S  T  L  B  K  T  A  L  P  N  B
E  R  N  M  G  T  O  P  U  L  U  I  T  I
T  G  D  V  Z  B  E  G  R  I  S  U  D  O
K  A  T  O  M  A  R  R  I  S  I  T  N  G
I  M  A  G  I  N  Æ  R  S  T  O  O  D  R
E  O  R  A  C  L  E  F  T  I  N  P  B  A
V  E  R  D  E  N  J  I  I  S  Z  I  F  F
E  K  S  T  R  E  M  N  S  K  E  A  T  P
C  H  R  M  G  A  L  A  K  S  E  U  S  O
```

| | |
|---|---|
| ATOMAR | IMAGINÆR |
| BIOGRAF | BØGER |
| DYSTOPI | MYSTISK |
| EKSPLOSION | VERDEN |
| EKSTREM | ORACLE |
| FANTASTISK | PLANET |
| BRAND | REALISTISK |
| FUTURISTISK | ROBOTTER |
| GALAKSE | TEKNOLOGI |
| ILLUSION | UTOPI |

# 27 - Città

```
M U S E U M G A L L E R I A
A P O T E K R W J Y H X Y P
R I X H A Q S F I Z O O E S
K Q Q G H T C K Q B T M N T
E T M N V F U P O O E I L A
D F I U B U T I K L L X U D
N S U P E R M A R K E D F I
T E A T E R B A G E R I T O
A B I B L I O T E K P Y H N
W G J B A N K L I N I K A D
D R E S T A U R A N T J V S
B O G H A N D E L M V T N S
U N I V E R S I T E T K U D
P R B I O G R A F H O S W W
```

| | |
|---|---|
| LUFTHAVN | MUSEUM |
| BANK | BUTIK |
| BIBLIOTEK | BAGERI |
| BIOGRAF | RESTAURANT |
| KLINIK | SKOLE |
| APOTEK | STADION |
| GALLERI | SUPERMARKED |
| HOTEL | TEATER |
| BOGHANDEL | UNIVERSITET |
| MARKED | ZOO |

# 28 - Virtù #1

```
L B T V U A F H Æ N G I G F
I I H Z H M I G B G G E W I
N K D B W A G A I K I U W C
T K G E N E R Ø S J O V V N
E U L S N W E F F E K T I V
L N F K S S N Y T T I G A B
L S X E M S K O V E E Y T I
I T E D I N P A T I E N T G
G N I E S S D B B Z B S K O
E E K N A F G Ø R E N D E D
N R P R A K T I S K L O G T
T I P Å L I D E L I G I Y H
B S P N Y S G E R R I G G Z
D K C H A R M E R E N D E G
```

CHARMERENDE
PÅLIDELIG
LIDENSKABELIG
KUNSTNERISK
GODT
NYSGERRIG
AFGØRENDE
SJOV
EFFEKTIV

GENERØS
UAFHÆNGIG
INTELLIGENT
BESKEDEN
PATIENT
PRAKTISK
REN
KLOG
NYTTIG

# 29 - Compleanno

```
K  P  Å  G  D  M  I  N  D  E  R  M  S  C
O  B  W  R  S  U  N  G  E  A  Z  D  T  E
R  T  L  A  P  Z  V  L  B  B  G  I  E  P
T  V  G  A  V  E  I  Æ  G  B  C  V  A  Q
S  Æ  R  L  I  G  T  D  B  L  K  I  R  S
V  E  N  N  E  R  A  E  T  G  A  S  I  B
V  L  U  D  B  P  T  L  S  S  G  D  N  K
R  E  I  D  C  E  I  I  M  D  E  O  L  V
P  I  Y  N  F  K  O  G  H  V  B  M  Y  V
L  L  B  F  S  A  N  G  F  Q  U  X  S  R
S  F  Z  B  O  F  E  S  T  N  L  C  Z  E
J  B  T  I  D  Ø  R  R  K  F  I  N  O  C
O  Y  Y  K  O  D  K  A  L  E  N  D  E  R
V  A  H  B  G  T  Q  G  O  F  S  F  R  P
```

| | |
|---|---|
| VENNER | DAG |
| ÅR | UNGE |
| KALENDER | INVITATIONER |
| STEARINLYS | FØDT |
| SANG | GAVE |
| KORT | MINDER |
| FEST | VISDOM |
| SJOV | SÆRLIG |
| GLAD | TID |
| GLÆDELIG | KAGE |

# 30 - Fattoria #1

```
K  F  R  Ø  H  D  A  U  K  S  V  L  X  J
A  L  Z  N  Y  X  F  X  D  U  M  A  R  K
T  O  N  J  T  D  P  G  O  G  T  N  N  G
I  K  A  L  V  Z  B  Z  U  A  C  S  W  D
P  X  D  Æ  W  O  J  I  Q  B  W  U  B  S
K  I  F  S  L  A  N  D  B  R  U  G  G  V
Q  O  H  E  G  N  A  R  U  H  Q  V  E  I
T  M  N  L  G  Ø  D  N  I  N  G  W  D  N
V  C  O  O  R  I  S  W  F  U  F  A  Q  E
H  O  N  N  I  N  G  Q  Y  J  N  Y  R  O
E  O  F  R  E  Y  E  Z  D  A  S  N  N  X
S  A  H  D  Y  D  W  I  B  N  A  K  I  B
T  H  U  N  D  K  Y  L  L  I  N  G  J  T
F  Ø  K  T  T  O  N  D  U  S  Z  R  D  Y
```

| | |
|---|---|
| VAND | KAT |
| LANDBRUG | FLOK |
| BI | SVIN |
| ÆSEL | HONNING |
| MARK | KO |
| HUND | KYLLING |
| GED | HEGN |
| HEST | RIS |
| GØDNING | FRØ |
| HØ | KALV |

# 31 - Paesaggi

```
R I A L S Y B V K F K W S E
V R G Q T Q H A V L D B A M
M Y R E R K U N K U D J T L
O A S E A T L D F K G E I O
T P J Ø N U E F M B E R H R
D S F Q D N N A P J J G M T
A U W G V D G L E T S J E R
L M Y U B R D D Q Z E F B V
Y P F A Ø A F L O D R S H U
R G Ø G H I S B J E R G K L
T B F R O C E A N C V K G K
N Z D O K Q Z Y T Z Y Y H A
C E N I L E X Q H A L V Ø N
R K R Z Q M N Y A Q O S S F
```

| | |
|---|---|
| VANDFALD | BJERG |
| BAKKE | OASE |
| ØRKEN | OCEAN |
| FLOD | SUMP |
| GEJSER | HALVØ |
| GLETSJER | STRAND |
| HULE | TUNDRA |
| ISBJERG | DAL |
| SØ | VULKAN |
| HAV | |

# 32 - Ristorante #2

```
B S K E Q L E G H C S K X V
G A I H Y S Æ J W I L R J O
R L S J C Y Y K I T W Y W Y
Ø A W L C W N B K J T D S G
N T I Y C X S M E E F D K A
T O M E A J M D M N R E A F
S T O L F I S K C E O R G F
A N U E A I X O C R K I E E
G G B V M Z M F V E O E F L
E Æ S T A V I S R N S R R I
R G X A M N D U N Y T E U R
A T D Q L Z D P D R I K G M
D R N A L T A P S R T G T C
K W H Q A M G E I T T X C I
```

| | |
|---|---|
| VAND | SUPPE |
| DRIK | FISK |
| TJENEREN | FROKOST |
| MIDDAG | SALT |
| SKE | STOL |
| LÆKKER | KRYDDERIER |
| GAFFEL | KAGE |
| FRUGT | ÆG |
| IS | GRØNTSAGER |
| SALAT | |

# 33 - Giardino

```
U T M C E Q V G A G S A T K
L K R W H Æ N G E K Ø J E B
G A R A G E U J M S O G R B
Y B I U M Q P D H U B R R Æ
B E J G D P Q D A M L Æ A N
U Y L M W T O D V M O S S K
S K O V L R K L E J M P S E
K L F W V Æ M F I Z S L E G
C X A Q B I V F J N T Æ R B
I N X N N N V P O A B N V G
N W I D G R Æ S R I V E B S
N I X H H E G N D X M G I D
N U O O V I N S T O K B A Y
F R U G T H A V E P G Q V P
```

TRÆ                        BÆNK
HÆNGEKØJE                  GRÆSPLÆNE
BUSK                       RIVE
GRÆS                       HEGN
UKRUDT                     DAM
BLOMST                     JORD
FRUGTHAVE                  TERRASSE
GARAGE                     TRAMPOLIN
HAVE                       SLANGE
SKOVL                      VINSTOK

# 34 - Frutta

```
B  P  D  I  A  V  O  C  A  D  O  N  T  K
L  L  M  L  W  N  L  C  W  E  Y  T  P  I
O  H  T  S  E  B  A  H  I  N  D  B  Æ  R
M  K  I  W  I  Æ  A  N  M  T  E  N  R  S
M  B  G  E  W  R  B  B  A  D  R  U  E  E
E  N  E  K  T  A  R  I  N  S  F  O  F  B
B  A  N  A  N  Æ  I  E  G  E  E  W  N  Æ
A  R  B  W  G  B  K  P  O  Y  R  U  Y  R
C  O  O  Y  I  L  O  A  M  Q  S  O  U  C
B  D  G  M  F  E  S  P  E  K  K  R  T  K
T  P  U  Z  B  M  I  A  L  B  E  H  G  T
B  Z  Z  A  U  Æ  W  Y  O  M  N  B  X  U
N  K  H  Z  F  O  R  A  N  G  E  W  M  I
V  L  I  S  Q  F  X  K  K  X  S  T  K  P
```

| | |
|---|---|
| ABRIKOS | MANGO |
| ANANAS | ÆBLE |
| ORANGE | MELON |
| AVOCADO | BROMBÆR |
| BÆR | NEKTARIN |
| BANAN | PAPAYA |
| KIRSEBÆR | PÆRE |
| KIWI | FERSKEN |
| HINDBÆR | BLOMME |
| CITRON | DRUE |

# 35 - Fattoria #2

```
W  F  M  A  J  S  D  H  H  W  Q  K  K  G
T  Å  R  E  N  G  D  V  A  N  D  U  F  A
S  R  A  U  B  X  P  E  B  D  J  N  I  F
I  B  H  A  G  H  G  D  I  T  Q  S  Y  N
L  I  Y  U  N  T  D  E  D  V  K  T  I  A
V  K  R  G  Æ  S  H  J  J  N  Q  V  U  Z
H  U  D  P  S  G  L  A  N  D  M  A  N  D
S  B  E  F  R  U  G  T  V  J  Æ  N  Z  Q
H  E  L  A  M  Y  D  R  W  E  L  D  S  U
W  H  A  M  V  W  C  A  E  D  K  I  V  D
L  B  M  C  S  M  D  K  S  G  X  N  U  Y
T  A  A  J  R  A  L  T  U  N  G  G  U  R
Q  X  D  H  K  D  J  O  L  K  S  E  E  C
R  V  Z  E  S  O  W  R  I  X  I  A  E  N
```

| | |
|---|---|
| LAM | KUNSTVANDING |
| LANDMAND | LAMA |
| BIKUBE | MÆLK |
| AND | MAJS |
| DYR | GÆS |
| MAD | BYG |
| LADE | HYRDE |
| FRUGT | FÅR |
| FRUGTHAVE | ENG |
| HVEDE | TRAKTOR |

# 36 - Dinosauri

```
V U A W Q C L M W H V J F C
S I T C O A J A C F I E O P
I S Z J N E N O R M N F R M
K R Y B D Y R C R U G V S A
R H P L A N T E Æ D E R V G
Y A F R S O S S I V R R I T
M L P O G H E T N I P F N F
I E Z T K K J O P K Z P D U
A F X B O R A R V L B M E L
N I I Q M R J U S I W A N D
O M N I V O R E U N J M C E
S T Ø R R E L S E G A M X T
A W U F O S S I L E R U W U
O S E R H L T D B Y T T E V
```

VINGER                MAGTFULDE
HALE                  BYTTE
ENORM                 RAPTOR
PLANTEÆDER            KRYBDYR
UDVIKLING             FORSVINDEN
FOSSILER              ART
STOR                  STØRRELSE
MAMMUT                JORD
OMNIVORE              OND

# 37 - Verdure

```
S V A M P T O W Y Z Z J B G
P K A U B E R G I N E G R X
I M A J R O E E K I R A O A
N B B L W Q K M E D I R C D
A R K Ø O Q A E X Y J T C S
T W A G I T I A Z J L I O A
I P R X A C T N D F M S L L
G R T A H S R E G L O K I A
R A O C H X G U L E R O D T
Æ D F T O M A T Q Ø F K E X
S I F H V I D L Ø G G Æ R T
K S E L L E R I P A G U R K
A E L H P E R S I L L E K B
R V D K D K A R T Z K Y F V
```

| | |
|---|---|
| HVIDLØG | ÆRT |
| BROCCOLI | TOMAT |
| ARTISKOK | PERSILLE |
| GULEROD | MAJROE |
| AGURK | RADISE |
| LØG | SKALOTTELØG |
| SVAMP | SELLERI |
| SALAT | SPINAT |
| AUBERGINE | INGEFÆR |
| KARTOFFEL | GRÆSKAR |

# 38 - Scuola #2

```
L  P  E  I  M  K  B  S  K  O  N  W  Y  F
I  A  S  L  K  A  J  D  A  N  B  T  J  U
T  P  Q  Æ  C  L  T  I  C  K  J  X  Y  N
T  I  A  S  W  E  R  E  O  F  S  P  I  L
E  R  X  N  O  N  V  H  M  N  F  T  G  M
R  D  V  I  G  D  I  U  P  A  L  W  A  B
A  I  E  N  Q  E  D  O  U  H  T  W  Y  I
T  B  Ø  G  E  R  E  Z  T  E  R  I  F  B
U  L  U  D  D  A  N  N  E  L  S  E  K  L
R  Y  G  S  Æ  K  S  H  R  I  N  O  B  I
N  A  S  E  J  U  K  L  Æ  R  E  R  S  O
P  N  Z  M  A  K  A  D  E  M  I  S  K  T
C  T  U  V  F  D  B  O  R  D  B  O  G  E
G  R  A  M  M  A  T  I  K  R  H  J  X  K
```

| | |
|---|---|
| AKADEMISK | GRAMMATIK |
| BUS | LÆRER |
| BIBLIOTEK | LITTERATUR |
| KALENDER | LÆSNING |
| PAPIR | BØGER |
| COMPUTER | MATEMATIK |
| ORDBOG | BLYANT |
| UDDANNELSE | SKO |
| SAKS | VIDENSKAB |
| SPIL | RYGSÆK |

# 39 - Barbecue

```
I F R O K O S T K G S Y K I
U C A S S T U U Z R O R Y N
Z O S M A D L B P G M C L V
J F S P I L T K Y C M L L I
G R I L L L A W N H E D I T
N U L Ø G Y I T F I R R N A
S G J M L T E E E K V P G T
T T T O M A T E R R M E S I
S A L T I C W F P U U B A O
U T K H D T D S E S S E U N
I D I M D M Q R G R I R C Z
L I S K A L Y N O B K H E G
P Y Z Q G A I S H M P A E W
F U H U Q V B Y S B B B C K
```

HED
MIDDAG
MAD
LØG
KNIVE
SOMMER
SULT
FAMILIE
FRUGT
SPIL

GRILL
SALATER
INVITATION
MUSIK
PEBER
KYLLING
TOMATER
FROKOST
SALT
SAUCE

# 40 - Riempire

```
L K U V E R T K F U B Q B K
K O A J V H E U L A A P A C
H B M S A E M R A F H H S D
Q H L M S P D V S H T O S T
C Y J B E E I N K L O N I A
X G U T Ø N D E E P S W N S
N Z C X B O K S P A K K E K
K U F F E R T P B A K K E E
R S K U F F E A J Y F H C C
A Ø A F O M K N S D S L J Z
E M R L L T T D A R Q O K B
E P T D D M G C F G Q L P H
R T O U E P J Y N Y V F F U
K M N V R U B N J O V S Y C
```

| | |
|---|---|
| BASSIN | KURV |
| TØNDE | PAKKE |
| TASKE | BOKS |
| FLASKE | SPAND |
| KUVERT | LOMME |
| FOLDER | RØR |
| KARTON | KUFFERT |
| KASSE | VASE |
| SKUFFE | BAKKE |

# 41 - Insetti

```
G O J V H Q E G Y J C Z S E
Z U M Y R E I T N L J T O R
J B L A D L U S R A W P M L
S I I D O Z K O S R Y S M L
H V E P S L A C P V O K E G
O P Z X K M K I T E G W R R
R R Y X X A E G E E K B F Æ
N O M W P N R D R C O G U S
E D Y Q U T L H M I H T G H
T V G R G I A S I C M P L O
B I L L E S K X T A U Ø F P
M A R I E H Ø N E D B O L P
L O P P E D X G Y A Q B J E
C Q D S D I U L M H Q E I S
```

BLADLUS
BI
HORNET
GRÆSHOPPE
CICADA
MARIEHØNE
BILLE
MØL
SOMMERFUGL
MYRE

LARVE
GULDSMED
MANTIS
LOPPE
KAKERLAK
TERMIT
ORM
HVEPS
MYG

# 42 - Erboristeria

```
R  H  V  I  D  L  Ø  G  E  D  I  L  D  I
E  O  T  S  T  R  G  H  Q  G  H  A  V  E
S  E  S  O  R  E  G  A  N  O  K  V  V  I
T  H  N  M  M  Y  N  T  E  H  K  E  G  N
R  D  K  V  A  L  I  T  E  T  A  N  U  G
A  X  E  Q  M  R  R  W  O  E  D  D  Q  R
G  R  Ø  N  E  T  I  M  I  A  N  E  H  E
O  B  L  O  M  S  T  N  G  R  D  L  M  D
N  W  J  I  X  P  E  R  S  I  L  L  E  I
K  U  L  I  N  A  R  I  S  K  F  R  R  E
K  A  W  A  R  O  M  A  T  I  S  K  I  N
B  A  S  I  L  I  K  U  M  W  X  N  A  S
F  E  N  N  I  K  E  L  E  J  N  T  N  B
N  H  S  A  F  F  R  O  N  P  Z  V  C  B
```

| | |
|---|---|
| HVIDLØG | LAVENDEL |
| DILD | MERIAN |
| AROMATISK | MYNTE |
| BASILIKUM | OREGANO |
| KULINARISK | PERSILLE |
| ESTRAGON | KVALITET |
| FENNIKEL | ROSMARIN |
| BLOMST | TIMIAN |
| HAVE | GRØN |
| INGREDIENS | SAFFRON |

# 43 - Danza

```
K L A S S I S K F R I U E K
E V P A K A D E M I Y D N Q
N I A F T O T K K O C T F J
K S R Y Y Q R O K Z I R M B
D U T X B S A R U Y Y Y J E
H E N G L Æ D E L I G K B V
F L E S D G I O T T Y S I Æ
Ø J R S T P T G U C K F I G
L E G E M E I R R M U U W E
E Z D U B L O A E U L L H L
L N Å D E Q N F L S T D T S
S A H O P P E I U I U E L E
E E Z H K M L S H K R N S E
G E N E R A L P R Ø V E X Q
```

AKADEMI
KUNST
KLASSISK
PARTNER
KOREOGRAFI
LEGEME
KULTUR
KULTUREL
FØLELSE
UDTRYKSFULDE

GLÆDELIG
NÅDE
BEVÆGELSE
MUSIK
GENERALPRØVE
RYTME
HOPPE
TRADITIONEL
VISUEL

# 44 - Scuola #1

```
S  K  R  I  V  E  B  O  R  D  C  K  N  D
H  Q  F  R  O  K  O  S  T  P  Y  L  X  E
B  U  Q  R  V  W  B  Ø  G  E  R  A  V  C
L  I  I  M  A  P  P  E  R  N  S  S  E  E
Y  Z  B  A  F  M  A  Y  V  N  V  S  N  D
A  S  Z  L  C  H  R  P  C  E  A  E  N  S
N  D  A  F  I  A  V  A  I  U  R  V  E  T
T  A  G  A  P  O  H  J  Q  R  T  Æ  R  O
Y  J  K  B  K  W  T  N  V  M  K  R  E  L
D  H  Y  E  U  G  Y  E  P  A  Q  E  T  C
M  Y  E  T  J  G  S  G  K  W  X  L  U  J
E  K  S  A  M  E  N  J  X  N  O  S  P  Y
L  Æ  R  E  R  D  Q  M  O  T  C  E  Z  H
M  A  T  E  M  A  T  I  K  V  U  D  B  E
```

| | |
|---|---|
| ALFABET | BØGER |
| VENNER | MATEMATIK |
| KLASSEVÆRELSE | BLYANT |
| BIBLIOTEK | PENNE |
| PAPIR | FROKOST |
| MAPPER | QUIZ |
| SJOV | SVAR |
| EKSAMEN | SKRIVEBORD |
| LÆRER | STOL |

# 45 - Fiori

```
I  F  G  P  Å  S  K  E  L  I  L  J  E  Q
P  L  I  L  J  E  R  W  I  H  C  M  J  E
L  G  R  K  K  I  O  U  L  O  F  U  A  R
U  A  P  Æ  O  N  N  U  L  A  R  O  S  E
M  R  V  N  G  Q  B  K  A  G  M  P  M  H
E  D  A  E  Y  C  L  F  L  O  V  T  I  X
R  E  L  Y  N  A  A  B  Q  Ø  K  R  N  K
I  N  M  E  T  D  D  P  D  O  V  Q  J  M
A  I  U  Q  M  L  E  R  D  R  B  E  T  Y
O  A  E  B  W  F  B  L  A  K  A  G  R  B
H  I  B  I  S  C  U  S  I  I  A  F  J  U
S  O  L  S  I  K  K  E  S  D  Q  Z  C  K
M  A  G  N  O  L  I  A  Y  E  Z  J  Q  E
P  A  S  S  I  O  N  F  L  O  W  E  R  T
```

| | |
|---|---|
| GARDENIA | PÅSKELILJE |
| JASMIN | ORKIDE |
| LILJE | VALMUE |
| SOLSIKKE | PASSIONFLOWER |
| HIBISCUS | PÆON |
| LAVENDEL | KRONBLAD |
| LILLA | PLUMERIA |
| MAGNOLIA | ROSE |
| DAISY | KLØVER |
| BUKET | |

# 46 - Ecologia

```
O N F V W N Q K P O B M V G
H T A R T I A L L V Æ A E L
A S U T Q W F I A E R N G O
B R N R U V Æ M N R E G E B
I G A K J R L A T L D F T A
T M O S E E L Q E E Y O A L
A N Q R M S E I R V G L T I
T F Q Y A S S V G E T D I Y
N A T U R O S W N L I I O L
U I T Y I U K P J S G G N O
E B P L N R A W F E K H T R
M V O P E C B J E R G E K Y
T Ø R K E E E M V V L D S T
S O M V B R R Z T F L O R A
```

KLIMA
FÆLLESSKABER
MANGFOLDIGHED
FAUNA
FLORA
GLOBAL
HABITAT
MARINE
BJERGE
NATUR

NATURLIG
MOSE
PLANTER
RESSOURCER
TØRKE
OVERLEVELSE
BÆREDYGTIG
ART
VEGETATION

# 47 - Discipline Scientifiche

```
M  B  N  B  O  T  A  N  I  K  J  W  I  A
E  I  O  M  F  X  S  Ø  B  V  D  L  M  N
K  O  T  N  H  K  T  K  E  Y  P  B  M  A
A  K  T  N  E  U  R  O  L  O  G  I  U  T
N  E  S  O  C  I  O  L  O  G  I  O  N  O
I  M  K  X  V  C  N  O  T  L  P  L  O  M
K  I  N  W  U  K  O  G  Q  R  J  O  L  I
D  V  A  R  P  D  M  I  O  D  V  G  O  H
H  L  I  N  G  V  I  S  T  I  K  I  G  M
T  E  R  M  O  D  Y  N  A  M  I  K  I  K
M  E  T  E  O  R  O  L  O  G  I  G  Q  E
U  M  I  N  E  R  A  L  O  G  I  C  D  M
P  S  A  U  A  G  E  O  L  O  G  I  V  I
H  X  P  S  Y  K  O  L  O  G  I  T  Z  E
```

| | |
|---|---|
| ANATOMI | LINGVISTIK |
| ASTRONOMI | MEKANIK |
| BIOKEMI | METEOROLOGI |
| BIOLOGI | MINERALOGI |
| BOTANIK | NEUROLOGI |
| KEMI | PSYKOLOGI |
| ØKOLOGI | SOCIOLOGI |
| GEOLOGI | TERMODYNAMIK |
| IMMUNOLOGI | |

# 48 - Scienza

```
A T N N Q R N F S Z F H L L
M T Y P O Q E A X D E Y E A
I U O N R J M K T S J P K B
N K B M G U O T S U C O S O
E E S E A D L U V T R T P R
R M E T N V E M A Z J E E A
A I R O I I K K Q A V S R T
L S V D S K Y L R B U E I O
E K A E M L L I A A S Q M R
R C T G E I E M F R F F E I
P S I G T N R A B K Y T N U
U M O W K G D A T A S G T M
G W N P B F F O S S I L J C
N W J B Z P A R T I K L E R
```

ATOM
KEMISK
KLIMA
DATA
EKSPERIMENT
UDVIKLING
FAKTUM
FYSIK
FOSSIL
TYNGDEKRAFT

HYPOTESE
LABORATORIUM
METODE
MINERALER
MOLEKYLER
NATUR
ORGANISME
OBSERVATION
PARTIKLER

# 49 - Acqua

```
K O M H T O D T B Z R P G F
P E G G H K R Z T L A K K E
F U G T I G I I O L H B U X
F R O S T N S O I W Q Ø N S
S O V E R S V Ø M M E L S E
U N R B R U S E R F U G T O
O T E D K R I A L E F E V R
F D G S A M O N S U N R A K
L G E T N M G D G Y K E N A
O I J R A B P B R A S G D N
D C S Ø L R P N A R F Z I L
A R E M S E N M I Y F O N W
M W R A Ø G Y K A N U H G B
P O P T N N T A P S G A M C
```

OVERSVØMMELSE
KANAL
BRUSER
FORDAMPNING
FLOD
STRØM
FROST
GEJSER
IS
KUNSTVANDING

SØ
MONSUN
SNE
OCEAN
BØLGER
REGN
FUGT
FUGTIG
ORKAN
DAMP

# 50 - Gatti

```
P  E  L  S  H  L  E  G  E  N  D  E  U  G
F  E  O  P  A  A  I  Z  K  Y  X  N  A  E
B  Q  R  Q  L  S  N  L  N  S  O  H  F  N
M  U  S  S  E  P  O  H  L  G  M  D  H  E
S  D  J  O  O  A  I  U  F  E  J  O  Æ  R
S  Y  O  R  V  N  H  R  E  R  Æ  T  N  T
K  Q  V  Q  I  E  L  T  O  R  G  F  G  K
Ø  K  L  O  L  E  P  I  W  I  E  W  I  K
R  A  X  G  D  J  O  G  G  G  R  P  G  E
K  Æ  R  L  I  G  T  X  E  H  G  A  R  N
N  K  Y  Z  I  A  E  F  K  J  E  E  G  V
C  R  X  R  U  A  L  F  O  B  M  D  P  U
C  H  B  I  M  U  N  Q  F  K  R  N  V  O
X  V  D  P  A  F  U  Y  F  W  Z  Z  P  F
```

| | |
|---|---|
| KÆRLIG | SKØR |
| KLO | PELS |
| JÆGER | PERSONLIGHED |
| HALE | LILLE |
| NYSGERRIG | VILD |
| SJOV | GENERT |
| SOVE | MUS |
| GARN | HURTIG |
| LEGENDE | POTE |
| UAFHÆNGIG | |

# 51 - Surf

```
N Q U W B D F U D N Y K U U
L C S G O P T N E F L P K E
Y H I E P N S T I L F R C M
T A T F M A V E R E C H S O
G M G S T Y R K E U A A P C
B P A J K W T S V P T S R E
K I Z O U D T E O L T A A
X O V V L V M R J P E I Y N
P N V L F S M E R U T G U B
M K R H P D T M N L H H P I
B Ø L G E T X R Z Æ U E U Z
M K I U E H U D A R G D Y T
W Q R A Z R O I O N C S B S
P A D L E B E G Y N D E R B
```

ATLET
CHAMPION
SJOV
EKSTREM
STYRKE
VEJR
OCEAN
BØLGE
PADLE

POPULÆR
BEGYNDER
SKUM
REV
STRAND
SPRAY
STIL
MAVE
HASTIGHED

# 52 - Imbarcazioni

```
M  O  T  O  R  U  V  W  I  L  I  Z  X  H
T  O  G  U  H  Y  R  O  I  D  K  B  B  Y
A  C  A  U  M  S  W  N  X  C  M  W  Ø  Z
S  E  J  L  B  Å  D  U  D  D  I  Z  J  H
M  A  N  D  S  K  A  B  B  Ø  L  G  E  R
Z  N  Y  R  Ø  Y  A  C  H  T  F  L  O  D
G  I  L  Q  M  T  A  J  K  W  T  K  A  A
N  L  O  R  A  I  O  N  A  U  T  I  S  K
V  V  Y  E  N  D  T  V  K  K  A  N  O  F
A  C  U  B  D  E  G  Y  J  E  M  Z  L  E
A  T  S  Ø  M  V  Y  G  F  Æ  R  G  E  L
H  X  I  N  A  A  D  A  M  U  E  M  L  P
A  A  U  N  S  N  Z  T  G  U  C  R  V  P
C  T  V  P  T  D  B  V  R  Y  A  C  Y  N
```

MAST
ANKER
SEJLBÅD
BØJE
KANO
REB
MANDSKAB
FLOD
KAJAK
SØ

HAV
TIDEVAND
SØMAND
MOTOR
NAUTISK
OCEAN
BØLGER
FÆRGE
YACHT

# 53 - Api

```
H  O  N  N  I  N  G  G  U  Z  Y  D  H  V
P  S  M  I  M  P  L  A  N  T  E  R  A  V
O  R  O  S  L  Y  C  V  O  K  S  O  B  J
L  H  C  L  Q  V  I  N  G  E  R  N  I  H
L  W  N  B  E  A  L  L  K  Y  X  N  T  I
E  S  B  I  X  C  O  I  N  B  I  I  A  V
N  I  Y  U  S  V  B  G  H  P  H  N  T  E
I  H  M  J  A  L  L  B  R  Ø  G  G  D  X
I  M  A  N  G  F  O  L  D  I  G  H  E  D
N  F  D  V  V  M  M  O  F  T  J  E  O  S
S  R  P  O  E  P  S  M  G  F  L  K  S  V
E  U  M  Q  H  S  T  S  S  P  R  T  R  Æ
K  G  E  V  X  D  E  T  H  N  Y  E  A  R
T  T  Y  Z  F  B  R  L  L  H  N  Y  K  M
```

| | |
|---|---|
| VINGER | HAVE |
| HIVE | HABITAT |
| GAVNLIG | INSEKT |
| VOKS | HONNING |
| MAD | PLANTER |
| MANGFOLDIGHED | POLLEN |
| BLOMSTER | DRONNING |
| BLOMST | SVÆRM |
| FRUGT | SOL |
| RØG | |

# 54 - Conservazione

```
P  E  S  T  I  C  I  D  J  O  L  Z  B  A
U  B  E  G  Ø  K  O  S  Y  S  T  E  M  Z
D  G  K  M  F  O  R  U  R  E  N  I  N  G
D  E  L  B  J  V  A  N  D  P  V  O  T  Ø
A  N  Z  Æ  H  V  D  D  E  S  K  E  Æ  K
N  B  B  R  O  T  N  H  Z  F  L  S  N  O
N  R  H  E  W  M  X  E  C  I  B  R  D  L
E  U  A  D  K  C  M  D  K  D  D  J  R  O
L  G  B  Y  L  Y  N  A  T  U  R  L  I  G
S  E  I  G  I  K  M  P  K  K  S  E  N  I
E  V  T  T  M  L  B  R  N  P  S  E  G  S
S  T  A  I  A  U  X  H  I  C  S  Y  E  K
H  P  T  G  G  S  J  B  G  N  R  Q  R  L
R  E  D  U  C  E  R  E  G  D  G  R  Ø  N
```

VAND
ÆNDRINGER
CYKLUS
KLIMA
ØKOSYSTEM
UDDANNELSE
HABITAT
FORURENING
NATURLIG

ØKOLOGISK
PESTICID
BEKYMRING
GENBRUGE
REDUCERE
SUNDHED
BÆREDYGTIG
GRØN

# 55 - Strumenti Musicali

```
F  H  A  R  M  O  N  I  K  A  X  L  L  K
L  C  E  L  L  O  H  T  H  M  G  N  C  L
Ø  A  K  J  Y  N  V  Z  B  A  N  J  O  A
J  U  L  F  A  T  S  Q  W  R  R  J  U  V
T  T  A  A  X  T  I  V  D  I  Y  P  M  E
E  C  R  G  O  N  G  P  B  M  O  B  E  R
I  D  I  O  E  B  T  A  M  B  U  R  I  N
A  U  N  T  M  G  U  I  T  A  R  M  T  M
U  W  E  Y  A  P  T  B  A  S  U  N  W  U
A  B  T  U  D  M  E  R  E  K  U  D  N  Q
V  I  O  L  I  N  Q  T  O  D  W  O  N  V
L  H  S  A  X  O  F  O  N  M  U  C  U  G
D  T  B  L  D  B  K  T  M  V  M  S  K  C
F  M  A  N  D  O  L  I  N  S  V  E  R  H
```

| | |
|---|---|
| HARMONIKA | OBO |
| HARPE | KLAVER |
| BANJO | SAXOFON |
| GUITAR | TAMBURIN |
| KLARINET | TROMME |
| FAGOT | TROMPET |
| FLØJTE | BASUN |
| GONG | VIOLIN |
| MANDOLIN | CELLO |
| MARIMBA | |

# 56 - Professioni #2

```
R E L Q K K I E N K I O F E
E K B F I L O S O F N P O N
L Æ G E R I S B S N G F T M
H U G H U N T I U J E I O G
Z B G R R G I O U Q N N G C
I O Q P G V Y L S F I D R A
X S O N Y I X O L F Ø E A S
B W Z L G S G G M B R R F T
Y D W W O T M A L E R T O R
L Æ R E R G X V R L R U R O
Z I L L U S T R A T O R S N
J O U R N A L I S T N Q K A
P I L O T G P U D R E E E U
T A N D L Æ G E O Y J F R T
```

ASTRONAUT  
BIOLOG  
KIRURG  
TANDLÆGE  
FILOSOF  
FOTOGRAF  
GARTNER  
JOURNALIST  
ILLUSTRATOR  

INGENIØR  
LÆRER  
OPFINDER  
LINGVIST  
LÆGE  
PILOT  
MALER  
FORSKER  
ZOOLOG

# 57 - Letteratura

```
A  R  F  A  A  N  A  L  O  G  I  E  N  G
R  I  O  N  F  E  M  E  T  A  F  O  R  E
O  M  R  A  K  C  I  E  Z  P  J  V  E  N
M  K  F  L  E  O  P  O  N  D  J  L  C  R
A  C  A  Y  A  A  N  O  L  I  J  W  R  E
N  T  T  S  B  T  D  K  E  G  N  K  Y  T
W  U  T  E  N  S  T  I  L  T  T  G  T  L
F  D  E  C  P  T  G  Z  X  U  I  W  M  Z
S  T  R  A  G  E  D  I  E  G  S  S  E  I
K  O  Q  M  X  M  B  L  S  G  H  I  K  G
B  I  O  G  R  A  F  I  D  I  A  L  O  G
D  D  V  L  A  N  E  K  D  O  T  E  X  N
S  A  M  M  E  N  L  I  G  N  I  N  G  E
B  E  S  K  R  I  V  E  L  S  E  O  N  Y
```

| | |
|---|---|
| ANALYSE | METAFOR |
| ANALOGI | MENING |
| ANEKDOTE | DIGT |
| FORFATTER | POETISK |
| BIOGRAFI | RIM |
| KONKLUSION | RYTME |
| SAMMENLIGNING | ROMAN |
| BESKRIVELSE | STIL |
| DIALOG | TEMA |
| GENRE | TRAGEDIE |

# 58 - Cibo #2

```
H  J  H  N  J  F  N  L  C  Y  K  K  S  Y
I  V  S  K  D  H  R  M  H  F  I  S  K  V
Z  Q  E  S  V  A  M  P  O  S  R  O  K  B
L  X  P  D  A  H  Æ  G  K  E  S  D  Y  R
V  J  C  M  E  G  A  B  O  L  E  M  L  Ø
B  R  O  C  C  O  L  I  L  L  B  L  L  D
A  I  O  S  K  J  F  P  A  E  Æ  Y  I  R
N  S  Q  K  A  I  N  L  D  R  R  O  N  U
A  Q  A  I  O  I  W  J  E  I  E  G  G  E
N  T  D  N  S  I  J  I  S  M  Z  H  X  H
G  F  X  K  T  O  M  A  T  T  B  U  N  M
A  U  B  E  R  G  I  N  E  S  J  R  S  O
X  O  J  B  X  K  Q  G  A  W  M  T  Q  O
P  K  E  I  F  X  J  N  U  C  P  A  R  U
```

| | |
|---|---|
| BANAN | BRØD |
| BROCCOLI | FISK |
| KIRSEBÆR | KYLLING |
| CHOKOLADE | TOMAT |
| OST | SKINKE |
| SVAMP | RIS |
| HVEDE | SELLERI |
| KIWI | ÆG |
| ÆBLE | DRUE |
| AUBERGINE | YOGHURT |

# 59 - Nutrizione

```
Z  K  R  Y  D  D  E  R  I  E  R  D  S  F
S  U  N  D  H  E  D  F  S  E  E  W  I  O
K  C  W  R  C  P  R  O  T  E  I  N  E  R
K  O  S  T  K  V  A  L  I  T  E  T  Z  D
S  U  N  Æ  R  I  N  G  S  S  T  O  F  Ø
U  U  L  R  P  N  V  Æ  S  K  E  R  S  J
N  J  E  H  G  C  Z  R  H  B  Z  F  J  E
D  W  E  Y  Y  S  P  I  S  E  L  I  G  L
L  N  C  O  G  D  L  N  Y  J  A  A  M  S
B  I  T  T  E  R  R  G  R  X  F  X  J  E
B  G  V  Q  R  M  S  A  U  C  E  J  T  M
K  A  L  O  R  I  E  R  T  O  K  S  I  N
V  Æ  G  T  L  K  A  P  P  E  T  I  T  D
M  A  F  B  A  L  A  N  C  E  R  E  T  G
```

BITTER
APPETIT
AFBALANCERET
KALORIER
KULHYDRATER
SPISELIG
KOST
FORDØJELSE
GÆRING
VÆSKER

NÆRINGSSTOF
VÆGT
PROTEINER
KVALITET
SAUCE
SUNDHED
SUND
KRYDDERIER
TOKSIN

# 60 - Matematica

```
D  S  Y  M  M  E  T  R  I  P  P  Y  R  Q
I  S  S  B  R  Ø  K  O  L  A  R  Y  O  E
V  P  U  L  S  W  O  M  K  R  E  D  S  K
I  O  M  E  C  N  A  A  Q  A  K  K  N  S
S  L  I  G  N  I  N  G  J  L  T  I  X  P
I  Y  T  R  E  K  A  N  T  L  A  K  J  O
O  G  B  M  G  X  F  U  C  E  N  E  W  N
N  O  T  M  S  E  M  Q  F  L  G  E  V  E
J  N  B  R  H  K  O  B  M  H  E  S  I  N
A  Z  O  D  E  C  I  M  A  L  L  F  N  T
D  I  A  M  E  T  E  R  E  Z  W  Æ  K  K
A  R  I  T  M  E  T  I  K  T  V  R  L  E
R  A  D  I  U  S  Z  G  V  X  R  E  E  H
F  I  R  K  A  N  T  O  C  Z  N  I  R  P
```

| | |
|---|---|
| VINKLER | PARALLEL |
| ARITMETIK | POLYGON |
| OMKREDS | FIRKANT |
| DECIMAL | RADIUS |
| DIAMETER | REKTANGEL |
| DIVISION | SFÆRE |
| LIGNING | SYMMETRI |
| EKSPONENT | SUM |
| BRØK | TREKANT |
| GEOMETRI | |

# 61 - Meditazione

```
S  S  E  N  N  N  O  I  D  P  S  M  F  L
T  H  I  F  K  A  P  R  H  E  B  E  Ø  Y
I  O  L  N  N  T  R  A  S  R  W  D  L  K
L  N  Z  F  D  U  Y  C  G  S  P  F  E  K
H  S  W  O  R  R  A  C  G  P  O  Ø  L  E
E  J  X  N  O  E  A  E  E  E  M  L  S  N
D  Z  S  I  L  F  D  P  U  K  E  E  E  H
S  M  U  S  I  K  M  T  P  T  N  L  R  I
B  E  V  Æ  G  E  L  S  E  I  T  S  C  D
E  T  A  N  K  E  R  J  P  V  A  E  V  Q
V  E  N  L  I  G  H  E  D  A  L  M  D  W
R  S  E  O  B  S  E  R  V  A  T  I  O  N
S  U  R  H  E  K  L  A  R  H  E  D  M  F
V  E  J  R  T  R  Æ  K  N  I  N  G  F  T
```

| | |
|---|---|
| VANER | BEVÆGELSE |
| ACCEPT | MUSIK |
| ROLIG | NATUR |
| KLARHED | OBSERVATION |
| MEDFØLELSE | FRED |
| FØLELSER | TANKER |
| LYKKE | PERSPEKTIV |
| VENLIGHED | VEJRTRÆKNING |
| MENTAL | STILHED |
| SIND | |

# 62 - Estate

```
S  S  F  A  D  Y  K  N  I  N  G  L  B  M
K  A  Y  R  F  A  M  I  L  I  E  Q  Ø  I
M  N  P  E  I  W  I  C  X  G  T  Z  G  N
M  D  I  J  N  T  C  G  L  Æ  D  E  E  D
L  A  P  S  I  F  I  A  C  K  T  L  R  E
Q  L  S  E  N  P  Z  D  M  E  F  P  O  R
F  E  R  I  E  P  Q  M  N  P  A  P  H  S
F  R  B  A  F  S  L  A  P  N  I  N  G  M
H  V  J  V  F  V  V  D  L  H  I  N  W  U
M  A  D  F  W  E  E  W  O  J  H  Z  G  S
U  L  V  K  M  N  K  H  P  E  A  F  N  P
S  T  J  E  R  N  E  R  A  M  V  Y  W  I
I  F  A  L  A  E  B  G  Y  V  E  V  J  L
K  X  E  S  T  R  A  N  D  O  U  B  W  E
```

| | |
|---|---|
| VENNER | HAV |
| CAMPING | MUSIK |
| HJEM | MINDER |
| MAD | AFSLAPNING |
| FAMILIE | SANDALER |
| HAVE | STRAND |
| SPIL | STJERNER |
| GLÆDE | FRITID |
| DYKNING | FERIE |
| BØGER | REJSE |

# 63 - Escursionismo

```
C  K  B  S  K  O  R  T  R  Æ  T  S  U  C
X  J  J  O  T  L  G  H  N  Y  Y  T  C  A
U  M  E  L  O  Ø  I  I  N  M  W  E  Q  M
P  A  R  E  P  N  V  M  C  V  A  N  D  P
H  K  G  T  M  I  A  L  A  A  I  I  I  I
K  I  D  I  Ø  M  F  T  E  T  U  N  G  N
P  S  J  X  D  Y  R  I  U  R  C  Z  I  G
Y  W  W  U  E  G  B  P  A  R  K  E  R  L
F  O  R  B  E  R  E  D  E  L  S  E  V  T
A  O  R  I  E  N  T  E  R  I  N  G  I  S
R  Y  M  X  E  W  F  K  L  I  N  T  L  J
E  U  S  N  P  C  B  O  I  C  I  S  D  K
R  J  M  K  E  O  M  T  L  T  I  N  N  D
A  S  C  X  B  Z  F  J  X  Q  M  O  Q  B
```

| | |
|---|---|
| VAND | TUNG |
| DYR | STEN |
| CAMPING | FORBEREDELSE |
| KLIMA | KLINT |
| KORT | VILD |
| BJERG | SOL |
| NATUR | TRÆT |
| ORIENTERING | STØVLER |
| PARKER | TOPMØDE |
| FARER | MYG |

# 64 - Professioni #1

```
J  K  U  N  S  T  N  E  R  Z  S  B  A  B
J  Æ  N  T  J  F  V  O  I  O  Ø  G  D  A
W  G  G  D  I  B  A  Z  D  N  M  U  V  N
N  D  O  E  Z  M  J  R  T  S  A  L  O  K
Z  A  S  T  R  O  N  O  M  Y  N  D  K  M
F  N  M  U  S  I  K  E  R  A  D  S  A  A
P  S  Y  K  O  L  O  G  O  S  C  M  T  N
J  E  P  I  A  N  I  S  T  P  I  E  Z  D
T  R  Æ  N  E  R  B  I  K  U  U  D  U  M
B  L  I  K  K  E  N  S  L  A  G  E  R  T
S  Y  G  E  P  L  E  J  E  R  S  K  E  O
A  M  B  A  S  S  A  D  Ø  R  V  H  C  M
T  M  U  Z  F  K  A  R  T  O  G  R  A  F
R  E  D  A  K  T  Ø  R  G  E  O  L  O  G
```

TRÆNER
AMBASSADØR
KUNSTNER
ASTRONOM
ADVOKAT
DANSER
BANKMAND
JÆGER
KARTOGRAF
REDAKTØR

FARMACEUT
GEOLOG
GULDSMED
BLIKKENSLAGER
SYGEPLEJERSKE
SØMAND
MUSIKER
PIANIST
PSYKOLOG

# 65 - Antartide

```
C  W  F  D  U  Z  F  R  W  G  L  T  B  U
H  Q  Z  M  J  G  E  O  G  R  A  F  I  D
G  Q  D  F  V  D  H  G  R  Y  Q  K  Z  F
Y  M  R  T  F  D  A  S  Q  S  S  V  X  O
H  V  A  L  E  R  L  V  T  S  K  Y  E  R
T  Z  M  H  Z  L  V  G  A  E  E  E  P  S
O  M  I  L  J  Ø  Ø  C  R  N  N  K  R  K
P  D  G  U  B  L  E  X  S  V  D  E  T  N
O  H  R  V  J  Q  R  X  H  V  I  B  T  I
G  V  A  T  E  M  P  E  R  A  T  U  R  N
R  A  T  T  W  A  G  I  X  H  G  G  F  G
A  M  I  N  E  R  A  L  E  R  W  T  I  S
F  K  O  N  T  I  N  E  N  T  O  M  T  S
I  R  N  B  E  V  A  R  E  L  S  E  W  R
```

| | |
|---|---|
| VAND | ØER |
| MILJØ | MIGRATION |
| BUGT | MINERALER |
| HVALER | SKYER |
| BEVARELSE | HALVØ |
| KONTINENT | FORSKER |
| UDFORSKNING | STENET |
| GEOGRAFI | TEMPERATUR |
| IS | TOPOGRAFI |

# 66 - Libri

```
M P D U A L I T E T V N A I
D O F O R F A T T E R T F X
H E I S R T C I A Y S A Z D
T S S K O N T E K S T S M Z
R I A R M H I S T O R I S K
A E M I A G I L Æ S E R G F
G P L V N W I S R H I F F O
I I I E A D L I T T E R Æ R
S S N T V B X D W O S W S T
K K G A G A S E P X R Z S Æ
H R B J L G N V Q A E I W L
E V E N T Y R T L I N L E L
I O Q O P F I N D S O M S E
T O R V Y S E R I E W K G R
```

FORFATTER     SIDE
EVENTYR     POESI
SAMLING     RELEVANT
KONTEKST     ROMAN
DUALITET     SKRIVET
EPISK     SERIE
OPFINDSOM     HISTORIE
LITTERÆR     HISTORISK
LÆSER     TRAGISK
FORTÆLLER

# 67 - Geografia

```
U  L  Æ  N  G  D  E  Z  R  B  R  W  O  K
V  G  D  O  T  F  B  D  W  E  J  H  M  Q
W  D  D  R  Ø  Y  Q  E  B  J  P  E  E  O
D  R  B  D  C  H  Q  F  Y  D  N  C  R  X
T  E  R  R  I  T  O  R  I  U  M  D  I  G
Z  I  F  S  S  T  E  G  O  H  Ø  J  D  E
H  A  L  V  K  U  G  L  E  A  V  S  I  A
E  T  O  E  R  K  O  R  T  V  G  Y  A  T
E  F  D  R  E  G  I  O  N  E  E  D  N  L
Z  K  E  D  J  L  A  S  J  L  J  S  C  A
F  B  K  E  W  L  W  F  G  A  A  G  T  S
Z  M  U  N  K  O  N  T  I  N  E  N  T  A
B  R  E  D  D  E  G  R  A  D  M  S  F  M
P  C  X  C  M  N  S  P  A  I  X  Z  S  X
```

HØJDE
ATLAS
BY
KONTINENT
HALVKUGLE
FLOD
BREDDEGRAD
LÆNGDE
KORT
HAV

MERIDIAN
VERDEN
BJERG
NORD
VEST
LAND
REGION
SYD
TERRITORIUM

# 68 - Cibo #1

```
G W P E B H U S O H J K Ø D
Q U U W S M Q J P V Z A B W
K A L Ø G A U C Æ I M N Y Z
H H N E F G L O R D U E G H
P M A J R O E A E L S L V L
Q Æ V O S O S E T Ø S A Q C
N L D R E Y D R S G Y N L I
A K P D Y M O P P X J G O T
V A T B A S I L I K U M V R
I G A Æ T U N Q N G H U B O
W E S R G K G Y A H Q X U N
M Y N T E K O L T S A F T K
D C G R Z E E S X O E O Y N
T N O N F R U N L V N H Z R
```

| | |
|---|---|
| HVIDLØG | MYNTE |
| BASILIKUM | BYG |
| KANEL | PÆRE |
| KØD | MAJROE |
| GULEROD | SALT |
| LØG | SPINAT |
| JORDBÆR | SAFT |
| SALAT | TUN |
| MÆLK | KAGE |
| CITRON | SUKKER |

# 69 - Aeroplani

```
A R K N A V I G E R E W B J
F E L O U P S B T B E Z R H
S T A E N A D S R E V O Æ P
T N N D E S I G N I E M N V
A I D J J S T K W F N O D B
M N I G F A H R Q K T T S A
N G N M H G M I U Q Y O T L
I G G A I E E O S K R R O L
N H X N M R R J C T T I F O
G Ø C D M I P M Y J O I J N
G J L S E M I R X C R R O Q
T D Q K L M L U F T H Q I N
C E Y A T M O S F Æ R E G E
Y J C B V M T O O P K Y W L
```

HØJDE
LUFT
ATMOSFÆRE
LANDING
EVENTYR
BRÆNDSTOF
HIMMEL
KONSTRUKTION
DESIGN
RETNING

AFSTAMNING
MANDSKAB
BRINT
MOTOR
NAVIGERE
BALLON
PASSAGER
PILOT
HISTORIE

# 70 - Pirati

```
L H F F X D T K Q O V K M U
S W A Y A Å O D R L P P Y M
K A R R I R M A N D S K A B
A Z E K F L A G U N A O H O
T K H T F I R R H Q G R Q G
S P A P E G Ø J E U N T O R
C V K A P T A J N F L X T A
J V Æ Z A A O P E Y R E K Z
Y E F R R N Z T V X Z O O U
G U L D D K S S E O D J M R
M F S C S E M Ø N T E R P Q
S J V P I R E X T Y N J A G
C D C N X H Z M Y Q H H S A
M N H A O L S T R A N D G E
```

| | |
|---|---|
| ANKER | KORT |
| EVENTYR | MØNTER |
| FLAG | GULD |
| KOMPAS | PAPEGØJE |
| KAPTAJN | FARE |
| DÅRLIG | ROM |
| AR | SVÆRD |
| MANDSKAB | STRAND |
| HULE | SKAT |
| SAGN | |

# 71 - Colori

```
K S Y X M Y F M S V P G P N
R A X V A Y G U E O I R U E
B B S H G R Ø N P P N Å A Q
T R E I E Q C R I W K F D X
Q L U K N M F R A N C Y A N
T Y V N T A Z U R R D L C Q
B N O B A A U M C Ø G I D K
L F U C H S I A H D Y L G Z
Å B E I G E D K K R G L T O
H V I D W K M L Z D U A V R
J D L E R S B V U A L J H A
R Q H V O V O A U G U I O N
D G B J V E C R I M S O N G
F J U V Y T O L T V K G M E
```

ORANGE
AZUR
BEIGE
HVID
BLÅ
CYAN
CRIMSON
FUCHSIA
GUL
GRÅ

INDIGO
MAGENTA
BRUN
SORT
PINK
RØD
SEPIA
GRØN
LILLA

# 72 - Spiaggia

```
F  L  T  Y  X  Z  C  K  Y  J  J  K  K  P
K  A  H  I  K  Y  S  T  W  E  N  Y  S  C
D  G  N  O  C  E  A  N  D  Z  B  D  E  V
O  U  Q  S  A  E  N  V  T  K  B  I  J  U
C  N  V  G  R  F  D  P  A  R  A  P  L  Y
K  E  Y  I  J  D  E  V  L  S  C  P  B  X
K  R  A  B  B  E  M  K  Z  A  D  C  Å  S
S  X  E  G  T  V  R  M  B  N  H  Q  D  Z
M  O  N  H  A  V  E  N  N  D  Y  Y  Q  C
G  C  L  U  G  R  V  P  D  A  B  E  V  Z
T  V  D  R  S  Q  Z  W  N  L  R  S  R  C
B  L  Å  L  M  Q  M  X  F  E  R  I  E  W
H  Å  N  D  K  L  Æ  D  E  R  A  H  I  B
T  A  D  U  R  U  K  S  H  K  D  Ø  D  U
```

| | |
|---|---|
| HÅNDKLÆDE | HAV |
| BÅD | OCEAN |
| SEJLBÅD | PARAPLY |
| BLÅ | SAND |
| KYST | SANDALER |
| DOCK | REV |
| KRABBE | SOL |
| LAGUNE | FERIE |

# 73 - Avventura

```
A K T I V I T E T U N E F W
V G N S A G P T W D E Y M A
E L A U N L K U D F L U G T
N Æ T J S M Z J E O R S M A
N D U K K Æ B F E R E K U P
E E R E E F D S B D J Ø L P
R C O J L S G V Q R S N I E
I M H O I V Q C A I E H G R
N A V I G A T I O N R E H H
E F F Q H L Z B Y G L D E E
S I K K E R H E D E X I D D
G S R S D S R F A R L I G E
D E S T I N A T I O N A N N
E N T U S I A S M E W J K N
```

VENNER
AKTIVITET
SKØNHED
TAPPERHED
DESTINATION
VANSKELIGHED
ENTUSIASME
UDFLUGT
GLÆDE

USÆDVANLIG
NATUR
NAVIGATION
NY
MULIGHED
FARLIG
UDFORDRINGER
SIKKERHED
REJSER

# 74 - Forme

```
Y  B  F  P  Y  R  A  M  I  D  E  Y  C  R
S  M  C  R  H  Y  P  E  R  B  O  L  A  S
D  S  W  I  Z  H  K  E  G  L  E  H  L  F
N  B  J  S  N  J  C  Y  L  I  N  D  E  R
Q  F  U  M  O  Ø  U  V  M  P  M  H  O  F
S  C  Y  E  J  R  E  P  O  L  Y  G  O  N
F  I  R  K  A  N  T  T  V  X  I  S  Y  D
Æ  R  E  A  R  E  K  T  A  N  G  E  L  K
R  K  L  N  E  A  Z  E  L  Y  S  E  C  U
E  E  L  T  U  O  T  R  E  K  A  N  T  R
N  L  I  E  M  E  G  N  L  I  N  J  E  V
D  D  P  R  C  Z  U  I  S  I  D  E  B  E
W  T  S  M  U  D  Z  N  J  Y  O  Y  F  H
A  S  E  E  I  Q  L  G  Q  E  Z  A  D  D
```

| | |
|---|---|
| HJØRNE | SIDE |
| BUE | LINJE |
| KANTER | OVAL |
| CIRKEL | PYRAMIDE |
| CYLINDER | POLYGON |
| KEGLE | PRISME |
| TERNING | FIRKANT |
| KURVE | REKTANGEL |
| ELLIPSE | SFÆRE |
| HYPERBOLA | TREKANT |

# 75 - Oceano

```
T  I  D  E  V  A  N  D  K  O  R  A  L  U
U  X  C  T  H  Å  I  V  R  Y  O  C  P  S
N  Z  R  U  D  M  L  A  A  E  F  I  S  K
Y  Y  K  C  P  K  B  N  B  F  J  E  A  I
N  X  L  P  I  D  Ø  D  B  P  Q  E  L  L
Ø  S  T  E  R  S  L  M  E  R  K  B  T  D
H  Y  N  B  Å  D  G  A  S  E  P  Q  F  P
H  A  J  H  L  U  E  N  H  V  A  L  T  A
D  E  L  F  I  N  R  D  P  I  A  W  P  D
B  L  Æ  K  S  P  R  U  T  T  E  M  H  D
K  H  J  U  T  G  W  L  V  L  X  E  P  E
X  U  J  C  O  Q  G  X  U  M  J  Q  H  Z
H  U  J  M  R  D  X  C  X  P  Y  T  A  L
I  L  J  X  M  L  J  R  B  J  B  Q  S  V
```

| | |
|---|---|
| ÅL | ØSTERS |
| HVAL | FISK |
| BÅD | BLÆKSPRUTTE |
| KORAL | SALT |
| DELFIN | REV |
| REJE | SVAMP |
| KRABBE | HAJ |
| TIDEVAND | SKILDPADDE |
| VANDMAND | STORM |
| BØLGER | TUN |

# 76 - Famiglia

```
J  R  B  F  B  A  R  N  P  L  B  X  S  F
F  Æ  T  T  E  R  U  H  U  L  R  F  Ø  A
P  D  P  I  D  A  T  T  E  R  O  A  S  D
N  J  A  S  S  U  K  K  J  Z  R  R  T  E
J  E  Y  T  T  X  F  O  R  F  A  D  E  R
B  Z  R  T  E  V  U  N  C  W  B  M  R  L
N  A  H  C  M  C  I  E  C  W  L  Ø  K  I
U  E  R  S  O  T  L  L  Z  Q  X  D  U  G
M  Z  V  N  R  M  O  R  L  W  H  R  D  W
D  Z  N  Ø  D  D  D  W  X  I  K  E  B  X
O  N  K  E  L  O  K  D  L  L  N  S  T  H
O  S  V  W  Z  N  M  A  N  D  L  G  F  X
E  A  T  A  N  T  E  I  B  Ø  R  N  E  I
B  E  D  S  T  E  F  A  R  V  U  U  R  R
```

| | |
|---|---|
| FORFADER | MØDRES |
| BØRN | KONE |
| BARN | NEVØ |
| FÆTTER | BEDSTEMOR |
| DATTER | BEDSTEFAR |
| BROR | FAR |
| TVILLINGER | FADERLIG |
| BARNDOM | SØSTER |
| MOR | TANTE |
| MAND | ONKEL |

# 77 - Veicoli

```
D  Æ  K  Z  D  K  H  S  T  O  G  Y  C  S
T  M  N  K  Q  S  K  C  X  A  F  D  A  H
M  F  H  C  O  S  R  O  B  X  X  X  M  U
O  Æ  X  Y  D  V  R  O  F  I  D  A  P  T
T  R  A  K  T  O  R  T  L  R  L  M  I  T
O  G  H  E  H  W  K  E  Y  A  A  B  N  L
R  E  M  L  U  B  P  R  Y  K  S  U  G  E
R  O  P  M  I  Å  U  D  Q  E  T  L  V  A
F  I  I  M  U  D  B  S  E  T  B  A  O  W
Z  S  Z  O  Y  R  Å  K  W  Q  I  N  G  A
P  F  U  G  W  F  D  O  J  A  L  C  N  V
T  Ø  M  M  E  R  F  L  Å  D  E  E  U  V
H  E  L  I  K  O  P  T  E  R  R  G  Z  Z
Y  C  G  A  V  O  M  D  K  D  N  K  D  G
```

| | |
|---|---|
| FLY | SHUTTLE |
| AMBULANCE | DÆK |
| BIL | RAKET |
| BUS | SCOOTER |
| BÅD | UBÅD |
| CYKEL | TAXA |
| LASTBIL | FÆRGE |
| CAMPINGVOGN | TRAKTOR |
| HELIKOPTER | TOG |
| MOTOR | TØMMERFLÅDE |

# 78 - Emozioni

```
L O V Q W F T K M K R O I V
Y V R E D E L J Q Æ E F N E
K E B H W S Q O R R L R D N
S R L Y U G H S V L I E H L
A R R O L I G O O I E D O I
L A G V M W V R O G F S L G
I S T E A U Z G H H L I D H
G K Y Ø S G G D O E X Æ H E
H E D M K Y Y P L D T N D D
E L G H P V A X M V W F W E
D S Q E P A F S L A P P E T
J E F D J B T I L F R E D S
F R Y G T J K I T U X C R C
K E D S O M H E D B L C Q T
```

| | |
|---|---|
| KÆRLIGHED | VREDE |
| LYKSALIGHED | AFSLAPPET |
| ROLIG | RELIEF |
| INDHOLD | SYMPATI |
| VENLIGHED | TILFREDS |
| GLÆDE | OVERRASKELSE |
| FLOV | ØMHED |
| KEDSOMHED | RO |
| FRED | SORG |
| FRYGT | |

# 79 - Natura

```
D D D W T H X U F A F V A S
E Y D F E L A C M L I Q R K
Y R N R S J R D S K O V K Y
S K O A T R O P I S K D T E
S M A S M B J E R G E F I R
Q Y F K I I U Q C S E R S T
H A G J H O S R G K K E K R
B P Ø R K E N K L Ø V D B L
U B R Q N T Å G E N Z F O F
F Y E S S Z Y E T H O Y J P
V H N U P G U I S E Y L I V
I P D W D C O E J D X D G U
L F E A H T B I E R K T M L
D G S Q T X M J R N I E E S
```

DYR
BIER
ARKTISK
SKØNHED
ØRKEN
DYNAMISK
EROSION
FLOD
LØV

SKOV
GLETSJER
BJERGE
TÅGE
SKYER
VILD
FREDFYLDTE
TROPISK
AFGØRENDE

# 80 - Balletto

```
B  F  Z  F  M  H  G  P  E  C  Z  S  D  U
T  I  S  C  U  G  E  M  U  S  I  K  A  Z
E  K  F  K  S  A  N  L  Q  T  D  J  N  B
K  S  A  A  K  Z  E  B  Q  I  O  P  S  A
N  I  Z  X  L  G  R  J  S  L  R  U  E  L
I  N  N  R  E  D  A  F  G  N  K  B  R  L
K  T  E  C  R  A  L  Æ  L  U  E  L  E  E
G  E  S  T  U  S  P  R  A  K  S  I  S  R
K  N  R  J  F  G  R  D  O  K  T  K  J  I
Y  S  Y  H  Z  C  Ø  I  K  F  E  U  J  N
X  I  T  K  Q  L  V  G  Y  G  R  M  C  A
N  T  M  D  Y  E  E  H  V  U  W  S  Y  Y
A  E  E  A  K  O  R  E  O  G  R  A  F  I
T  T  R  W  W  Y  N  D  E  F  U  L  D  L
```

FÆRDIGHED
BIFALD
BALLERINA
DANSERE
KOREOGRAFI
GESTUS
YNDEFULD
INTENSITET
MUSKLER

MUSIK
ORKESTER
PRAKSIS
GENERALPRØVE
PUBLIKUM
RYTME
STIL
TEKNIK

# 81 - Castelli

```
A U X L D F H Y Z K K A L U
Æ D E L D S E V F D R A G E
D Y N A S T I U O M Q O G X
Y X C Z S V Æ R D N K P N Y
U O M B W K A F D A Y R S E
H E S T V S J G V B L I U N
M Q P D F R K O T Å R N O H
F W P A L A D S L E E S Q J
L B R I D D E R I D R E W Ø
V P I M P E R I U M O S W R
Y V N K A T A P U L T S D N
F Æ S T N I N G W B O E V I
T G P A K O N G E R I G E N
J V K W R U S T N I N G K G
```

| | |
|---|---|
| RUSTNING | ÆDEL |
| KATAPULT | PALADS |
| RIDDER | VÆG |
| HEST | PRINS |
| KRONE | PRINSESSE |
| DYNASTI | KONGERIGE |
| DRAGE | SKJOLD |
| FEUDAL | SVÆRD |
| FÆSTNING | TÅRN |
| IMPERIUM | ENHJØRNING |

# 82 - Campionato

```
C F D M B P X D P C U M Q W
L H I O S C L O W T D O A F
S S A N M V N K G W H T E U
L L M M A M E F J N O I T M
I D E S P L E T U N L V M G
G G S P A I I R P W D A E T
A X T I I N O S A W E T D U
F O E L N A Z N T I N I A R
S T R A T E G I N Z H O L N
P R S V E D H O L D E N J E
O Æ K Y D E E V N E D F E R
R N A Z X M S E J R S L J I
T E B G Z V I N E X P B E N
I R D Y N E C L E U A R E G
```

TRÆNER  
MESTERSKAB  
CHAMPION  
FINALIST  
SPIL  
DOMMER  
LIGA  
MEDALJE  
MOTIVATION  

YDEEVNE  
UDHOLDENHED  
SPORT  
HOLD  
STRATEGI  
SVED  
TURNERING  
SEJR

# 83 - Foresta Pluviale

```
I  N  S  E  K  T  E  R  T  M  R  E  E  F
B  O  T  A  N  I  S  K  I  A  E  K  U  Æ
B  R  H  C  A  Y  V  L  L  N  S  A  Q  L
O  E  K  K  T  P  Q  I  F  G  P  V  Q  L
V  S  V  P  U  A  Q  M  L  F  E  Y  D  E
E  T  C  A  R  T  G  A  U  O  K  C  L  S
R  A  I  L  R  T  J  D  G  L  T  P  R  S
L  U  U  O  L  E  J  U  T  D  D  X  G  K
E  R  V  F  J  D  L  R  N  I  M  O  S  A
V  E  S  Q  L  Y  Q  S  K  G  G  E  C  B
E  R  U  K  X  R  V  X  E  H  L  W  L  T
L  I  J  U  Y  F  U  G  L  E  W  E  F  Q
S  N  V  Z  Z  E  G  N  C  D  M  N  S  K
E  G  O  J  V  Æ  R  D  I  F  U  L  D  J
```

| | |
|---|---|
| BOTANISK | SKYER |
| KLIMA | BEVARELSE |
| FÆLLESSKAB | VÆRDIFULD |
| MANGFOLDIGHED | RESTAURERING |
| JUNGLE | TILFLUGT |
| INSEKTER | RESPEKT |
| PATTEDYR | OVERLEVELSE |
| MOS | ART |
| NATUR | FUGLE |

# 84 - Edifici

```
T S T A D I O N C J Y R B O
U E L D D S K V A F L M H B
M A A J R L M G Y Y K R O S
U T D T Q X R T E L T J S E
S G E X E I R Y I C W D T R
E S U P E R M A R K E D E V
U H J S F A B R I K L J L A
M O F K J K T I L S E C D T
K S S O C S Å H O T E L T O
A P T L W R R Q O G W F Q R
B I B E O K N X L M R X V I
I T U I O T J Q Z B B A E U
N A T L E J L I G H E D F M
E L A M B A S S A D E A Y D
```

AMBASSADE
LEJLIGHED
KABINE
SLOT
BIOGRAF
FABRIK
LADE
HOTEL
MUSEUM

HOSPITAL
OBSERVATORIUM
HOSTEL
SKOLE
STADION
SUPERMARKED
TEATER
TELT
TÅRN

# 85 - Paesi #2

```
I N D O N E S I E N I Q N N
H Z M B T Y R L D F Q I E I
D A N M A R K U N B Z S P G
S E I M P A K I S T A N A E
Y T U T V L R N U L W G L R
R I G L I I R Q D L A O S I
I O A F Z B P J A P A N T A
E P N C E E B A N A A B D Z
N I D G S R O M M E X I C O
O E A G W I Z A X P X R O I
S N K L C A E I U Q O L M D
U K R A I N E C N K I A H S
G R Æ K E N L A N D C N N E
A L B A N I E N T N A D A I
```

ALBANIEN
DANMARK
ETIOPIEN
JAMAICA
JAPAN
GRÆKENLAND
HAITI
INDONESIEN
IRLAND
LAOS

LIBERIA
MEXICO
NEPAL
NIGERIA
PAKISTAN
RUSLAND
SYRIEN
SUDAN
UKRAINE
UGANDA

# 86 - Tipi di Capelli

```
X  Y  S  O  C  Q  W  I  T  H  L  A  U  S
V  E  N  X  K  T  Y  N  D  V  W  L  U  U
B  R  U  N  A  R  Z  U  I  I  C  B  V  N
F  A  R  V  E  T  Ø  S  L  D  G  R  Å  D
L  M  T  J  X  L  L  L  K  M  C  R  P  K
W  F  K  C  X  F  S  G  L  A  T  H  L  E
F  U  G  O  M  L  T  Y  K  E  L  I  R  U
T  Ø  R  W  R  E  T  J  R  M  T  D  K  K
S  O  R  T  M  T  N  X  Ø  W  Q  I  E  V
Ø  D  Z  T  R  T  L  B  L  O  N  D  S  T
L  L  A  N  G  E  U  R  L  B  Q  F  O  K
V  W  K  Y  X  T  U  F  E  R  Y  B  E  S
I  M  W  J  C  G  Q  L  R  P  R  J  L  J
B  L  Ø  D  F  L  E  T  N  I  N  G  E  R
```

| | |
|---|---|
| SØLV | LANG |
| TØR | BRUN |
| HVID | BLØD |
| BLOND | SORT |
| KORT | KRØLLET |
| SKALDET | KRØLLER |
| FARVET | SUND |
| GRÅ | TYND |
| FLETTET | TYK |
| GLAT | FLETNINGER |

# 87 - Vestiti

```
B V J S K J O R T E F H P J
K U A G W F R A K K E A Y E
B F K U N E D E R D E L J A
Æ F K S T H A T O L V S A N
L K E B E Q R T M T F K M S
T E S K O R M T E Ø D Æ A A
E A X I K U B L K R W D S N
O R Y D J J Å F F K Y E C D
Q M W B O L N T X L C J X A
F O R K L Æ D E F Æ M R M L
Y D N W E U S K R D E M K E
U E G N F K S I C E E Q S R
H X L G F S W E B U I C V N
F J H A N D S K E R Z K X W
```

| | |
|---|---|
| KJOLE | FORKLÆDE |
| ARMBÅND | HANDSKER |
| BLUSE | JEANS |
| SKJORTE | SWEATER |
| HAT | MODE |
| FRAKKE | BUKSER |
| BÆLTE | PYJAMAS |
| HALSKÆDE | SANDALER |
| JAKKE | SKO |
| NEDERDEL | TØRKLÆDE |

# 88 - Attività e Tempo Libero

```
Z  B  B  B  A  S  E  B  A  L  L  D  S  V
V  F  V  A  N  D  R  I  N  G  P  Y  H  O
J  S  A  N  S  U  R  F  I  N  G  K  O  L
T  B  B  M  U  K  U  N  S  T  O  N  P  L
B  D  V  H  H  I  E  F  M  G  N  I  P  E
F  O  D  B  O  L  D  T  M  T  J  N  I  Y
T  E  N  N  I  S  B  W  B  A  D  G  N  B
C  X  A  T  N  V  O  F  A  A  L  L  G  A
A  J  A  V  C  Ø  K  I  U  U  L  E  M  L
M  N  G  W  Q  M  S  S  G  W  O  L  R  L
P  Y  J  T  O  N  N  K  E  O  E  O  P  I
I  G  U  E  C  I  I  E  W  F  L  D  D  K
N  F  P  M  I  N  N  R  A  L  P  F  Q  B
G  J  Y  C  X  G  G  I  G  H  I  Z  V  Y
```

| | |
|---|---|
| KUNST | DYKNING |
| BASEBALL | SVØMNING |
| BASKETBALL | VOLLEYBALL |
| BOKSNING | FISKERI |
| FODBOLD | MALERI |
| CAMPING | SHOPPING |
| VANDRING | SURFING |
| GOLF | TENNIS |

# 89 - Tecnologia

```
R  B  L  O  G  M  G  Z  R  M  F  G  Q  T
G  R  G  O  F  I  L  X  S  A  E  C  C  A
S  O  K  Q  O  K  L  M  X  R  I  X  O  Q
I  W  V  O  N  Q  A  N  S  K  Æ  R  M  V
K  S  H  I  T  I  I  M  H  Ø  Y  I  P  O
K  E  O  G  R  V  W  B  E  R  S  N  U  R
E  R  C  F  G  T  Y  Y  W  R  T  T  T  I
R  I  I  M  T  F  U  T  J  A  A  E  E  X
H  A  U  R  I  W  F  E  I  S  T  R  R  A
E  V  I  R  U  S  A  S  L  B  I  N  J  A
D  I  G  I  T  A  L  R  J  L  S  E  M  C
B  E  S  K  E  D  C  A  E  U  T  T  Y  K
K  F  B  E  F  O  R  S  K  N  I  N  G  H
D  A  T  A  X  W  J  O  H  M  K  B  V  F
```

BLOG
BROWSER
BYTES
COMPUTER
MARKØR
DATA
DIGITAL
FIL
FONT
INTERNET

BESKED
FORSKNING
SKÆRM
SIKKERHED
SOFTWARE
STATISTIK
KAMERA
VIRTUEL
VIRUS

# 90 - Arte

```
O  R  I  G  I  N  A  L  W  W  Y  H  K  Y
V  I  S  U  E  L  V  S  K  I  L  D  R  E
V  S  K  M  X  J  F  Y  I  L  Z  O  K  S
O  Y  Q  E  Æ  D  T  M  F  M  D  X  O  U
I  Q  D  M  R  Y  H  B  I  X  P  K  M  R
O  N  B  N  L  A  U  O  G  T  E  E  P  R
J  B  S  E  I  U  M  L  U  P  R  B  L  E
J  V  X  P  G  D  Ø  I  R  B  S  T  E  A
P  O  E  S  I  T  R  O  S  K  O  W  K  L
H  E  U  K  T  R  H  E  C  K  N  M  S  I
S  W  N  A  M  Y  E  H  I  Z  L  W  C  S
W  I  G  B  X  K  V  R  V  A  I  M  W  M
M  A  L  E  R  I  E  R  E  E  G  F  Q  E
I  S  A  M  M  E  N  S  Æ  T  N  I  N  G
```

KERAMISK
KOMPLEKS
SAMMENSÆTNING
SKABE
MALERIER
UDTRYK
FIGUR
INSPIRERET
ÆRLIG
ORIGINAL

PERSONLIG
POESI
SKILDRE
SIMPEL
SYMBOL
EMNE
SURREALISME
HUMØR
VISUEL

# 91 - Meteo

```
K E Z F K H I P G E P H T O
Q R A T M O S F Æ R E I O R
X T T R O P I S K E R M R K
S T Ø Z U E P K Z G H M D A
I T E R Y M R Y D N G E E N
C Å O M K B I T R B X L N L
J G F R P E S G B U U M Y U
D E H B M E E N O E P Z L O
G U W M L B R I S E O K Y U
T Ø R O W Q N A L V L L N D
T X B N V I N D T P A I U R
M J C S K M A Z H U R M V W
B V T U T U R H M M R A R C
Y O J N T O R N A D O K A L
```

REGNBUE
TØR
ATMOSFÆRE
BRISE
HIMMEL
KLIMA
LYN
IS
MONSUN
TÅGE

SKY
POLAR
TØRKE
TEMPERATUR
STORM
TORNADO
TROPISK
TORDEN
ORKAN
VIND

# 92 - Corpo Umano

```
J  S  U  B  V  Z  N  A  I  K  I  E  E  N
M  S  K  H  A  L  S  F  I  N  G  E  R  C
I  Ø  M  U  N  D  K  T  Z  Æ  F  O  R  S
U  C  J  X  L  Z  O  A  T  G  F  J  X  R
H  A  G  E  D  D  Q  T  O  J  O  M  N  P
Å  N  H  M  A  V  E  X  D  G  E  V  Z  U
N  K  O  Z  Q  U  C  R  M  H  C  X  Q  K
D  E  V  Ø  R  E  R  C  H  J  E  R  N  E
I  L  E  K  Y  A  L  B  U  E  F  B  R  I
O  C  D  W  N  C  Y  H  D  R  T  E  Z  O
N  H  O  F  K  M  R  J  Z  T  F  V  M  A
Æ  E  J  M  B  L  O  D  D  E  I  M  D  C
S  X  W  K  R  E  B  Y  F  B  Z  U  E  A
E  Z  V  S  B  B  N  T  A  N  S  I  G  T
```

| | |
|---|---|
| MUND | HÅND |
| ANKEL | HAGE |
| HJERNE | NÆSE |
| HALS | ØJE |
| HJERTE | ØRE |
| FINGER | HUD |
| ANSIGT | BLOD |
| BEN | SKULDER |
| KNÆ | MAVE |
| ALBUE | HOVED |

# 93 - Mammiferi

```
E  N  K  L  S  H  T  P  T  H  D  L  A  J
A  L  N  I  B  A  V  K  L  J  E  S  O  Q
Y  K  E  X  T  Y  R  A  S  O  L  G  U  I
C  O  F  F  K  M  Æ  T  L  R  F  Z  N  J
K  F  R  G  A  C  V  X  F  T  I  Q  K  J
E  T  G  O  N  N  L  Ø  V  E  N  L  H  B
E  U  X  R  I  Y  T  H  U  N  D  Z  J  E
F  Å  R  I  N  P  R  Æ  R  I  E  U  L  V
D  H  E  L  G  I  R  A  F  O  Z  L  T  Z
N  K  O  L  U  B  L  T  T  B  F  V  N  E
J  I  W  A  U  N  L  H  A  V  Æ  L  S  B
S  U  G  B  K  Æ  N  G  U  R  U  R  T  R
R  W  Y  E  K  Z  K  T  L  U  J  L  E  A
H  M  J  W  G  H  E  S  T  F  F  R  V  B
```

| | |
|---|---|
| HVAL | GIRAF |
| HUND | GORILLA |
| KÆNGURU | LØVE |
| HEST | ULV |
| HJORT | BÆRE |
| KANIN | FÅR |
| PRÆRIEULV | ABE |
| DELFIN | TYR |
| ELEFANT | RÆV |
| KAT | ZEBRA |

# 94 - Arrampicata

```
S T Y H Y Q N Q W B K F Q B
T E E M Ø A T M O S F Æ R E
A G S R D J B U V X O N K B
B F O R R K D B K A C Y S T
I Y L D T Æ O E G J S S B H
L S M A L N N R V K U G X U
I I C J R T O V T G A E J L
T S T Ø V L E R S T Y R K E
E K H J E L M W E A O R I K
T H A N D S K E R V Z I C S
U D D A N N E L S E Q G B P
Y K Y S K A D E A B E H A E
X U D F O R D R I N G E R R
W W V A N D R I N G G D W T
```

| | |
|---|---|
| HØJDE | HULE |
| ATMOSFÆRE | HANDSKER |
| HJELM | SKADE |
| NYSGERRIGHED | KORT |
| VANDRING | UDFORDRINGER |
| EKSPERT | STABILITET |
| FYSISK | STØVLER |
| UDDANNELSE | SMAL |
| STYRKE | TERRÆN |

# 95 - Animali Domestici

```
G  W  M  U  S  Z  J  I  R  R  U  M  P  K
D  Z  J  H  K  R  A  V  E  C  N  Q  A  M
Y  K  M  A  I  O  S  K  K  C  A  T  P  X
R  M  L  L  L  R  R  H  A  M  S  T  E  R
L  W  T  E  D  F  F  H  V  N  F  U  G  D
Æ  S  P  C  P  I  Y  U  W  U  I  P  Ø  Y
G  M  R  S  A  S  N  N  Y  I  R  N  J  S
E  K  K  B  D  K  L  D  M  K  B  K  E  F
G  X  A  K  D  S  N  O  R  R  E  I  V  D
K  A  T  W  E  Y  E  R  O  Z  N  L  A  O
U  L  S  A  E  P  U  O  R  J  B  L  N  P
Q  U  Ø  P  Q  Z  G  W  Q  O  M  I  D  Q
G  E  D  E  V  H  E  N  H  O  A  N  P  A
T  W  U  R  R  H  V  A  L  P  D  G  T  P
```

| | |
|---|---|
| VAND | KILLING |
| KLØER | KAT |
| HUND | SNOR |
| GED | FIRBEN |
| MAD | KO |
| HALE | PAPEGØJE |
| KRAVE | FISK |
| KANIN | SKILDPADDE |
| HAMSTER | MUS |
| HVALP | DYRLÆGE |

# 96 - Cucina

```
K  N  I  V  E  T  D  J  O  F  J  K  Z  T
R  O  P  S  K  R  I  F  T  R  Z  F  V  H
U  Y  P  S  K  Å  L  L  C  Y  I  I  I  O
K  V  B  P  G  O  A  V  R  S  L  E  V  Z
K  S  K  I  E  L  M  K  B  E  W  D  O  C
E  N  D  S  G  R  I  L  L  R  I  P  B  V
K  Ø  L  E  S  K  A  B  C  Y  J  N  A  C
K  Q  F  P  O  V  Y  Z  W  S  B  U  J  S
A  S  M  I  S  V  A  I  N  A  P  M  T  E
N  U  Y  N  K  I  N  M  G  A  F  L  E  R
D  K  E  D  E  L  D  A  P  X  O  F  L  V
E  X  W  E  E  E  H  D  V  H  K  Q  P  I
I  K  F  O  R  K  L  Æ  D  E  H  I  J  E
R  Y  K  R  Y  D  D  E  R  I  E  R  Z  T
```

| | |
|---|---|
| SPISEPINDE | KØLESKAB |
| KEDEL | FORKLÆDE |
| KANDE | GRILL |
| MAD | SLEV |
| SKÅL | OPSKRIFT |
| KNIVE | KRYDDERIER |
| FRYSER | SVAMP |
| SKEER | KOPPER |
| GAFLER | SERVIET |
| OVN | KRUKKE |

# 97 - Vacanze #2

```
A  G  D  E  S  T  I  N  A  T  I  O  N  S
N  U  X  G  G  F  F  Q  L  K  I  H  B  T
P  A  Q  Q  J  W  L  M  F  L  E  O  F  R
E  F  R  E  S  T  A  U  R  A  N  T  E  A
T  R  A  N  S  P  O  R  T  Ø  W  E  R  N
R  E  J  S  E  H  H  H  T  G  K  L  I  D
T  V  L  I  C  C  A  M  P  I  N  G  E  L
F  A  S  T  R  Q  V  F  R  I  T  I  D  S
D  N  X  T  B  I  L  L  E  D  E  R  A  X
G  T  R  A  V  I  S  U  M  I  Q  K  G  Q
J  P  A  S  U  O  S  B  U  K  O  R  T  G
L  U  F  T  H  A  V  N  T  I  U  C  O  W
Z  D  K  G  U  D  L  Æ  N  D  I  N  G  M
N  C  K  K  U  C  S  E  P  E  Q  K  N  E
```

LUFTHAVN
CAMPING
DESTINATION
BILLEDER
HOTEL
KORT
HAV
PAS
RESTAURANT
STRAND

UDLÆNDING
TAXA
FRITID
TELT
TRANSPORT
TOG
FERIE
REJSE
VISUM

# 98 - Attività

```
J  R  L  S  Y  N  I  N  G  D  J  V  V  C
Q  J  C  P  P  S  Y  A  J  A  G  T  I  A
D  L  Æ  S  N  I  N  G  W  N  T  K  J  M
O  W  F  E  A  F  L  F  M  S  S  U  N  P
F  O  T  O  G  R  A  F  E  R  I  N  G  I
I  V  M  F  T  I  K  S  Q  V  I  S  F  N
S  A  A  F  Z  T  T  Q  G  G  T  T  Æ  G
K  N  G  H  T  I  I  X  B  E  K  K  R  H
E  D  I  P  T  D  V  L  H  M  L  E  D  C
R  R  L  K  H  R  I  A  G  F  Y  R  I  P
I  I  L  J  G  N  T  J  R  E  L  A  G  S
B  N  P  U  S  L  E  S  P  I  L  M  H  L
C  G  Q  O  S  Y  T  S  Y  E  M  I  E  Z
H  Å  N  D  V  Æ  R  K  F  M  M  K  D  Z
```

| | |
|---|---|
| FÆRDIGHED | VANDRING |
| KUNST | FOTOGRAFERING |
| HÅNDVÆRK | SPIL |
| AKTIVITET | LÆSNING |
| JAGT | MAGI |
| CAMPING | FISKERI |
| KERAMIK | PUSLESPIL |
| SYNING | FRITID |
| DANS | |

# 99 - Forniture Artistiche

```
N  H  X  I  V  M  S  K  Y  B  O  L  I  E
U  B  H  G  I  K  T  A  C  Ø  H  G  H  Y
M  K  J  X  S  Q  O  M  W  R  T  X  W  P
U  T  R  Æ  K  U  L  E  H  S  M  M  V  Y
L  I  M  D  E  P  V  R  B  T  Q  E  M  K
X  L  W  K  L  A  Y  A  L  E  K  V  F  Y
V  O  X  D  Æ  S  R  H  Y  R  Q  E  N  G
W  V  W  A  D  T  S  T  A  F  F  E  L  I
B  L  Æ  K  E  E  M  A  N  P  A  P  I  R
G  V  E  C  R  L  E  B  T  O  R  P  H  M
S  A  K  R  Y  L  E  E  E  V  V  A  N  D
I  D  E  E  R  E  K  L  R  X  E  X  V  A
J  A  K  V  A  R  E  L  L  E  R  G  H  L
J  G  K  R  E  A  T  I  V  I  T  E  T  U
```

| | |
|---|---|
| VAND | VISKELÆDER |
| AKVARELLER | IDEER |
| AKRYL | BLÆK |
| LER | BLYANTER |
| TRÆKUL | OLIE |
| PAPIR | PASTELLER |
| STAFFELI | STOL |
| LIM | BØRSTER |
| FARVER | TABEL |
| KREATIVITET | KAMERA |

# 100 - Misurazioni

```
L  C  M  Z  J  H  U  H  O  U  N  C  E  K
Æ  E  C  A  A  C  U  G  Ø  B  G  Y  B  I
N  N  V  J  S  U  F  R  I  J  A  V  Y  L
G  T  Æ  O  T  S  D  A  J  M  D  U  T  O
D  I  G  R  A  D  E  M  F  I  K  E  E  G
E  M  T  D  Q  L  C  Z  F  N  I  A  P  R
S  E  Z  D  K  B  I  N  P  U  L  I  I  A
J  T  V  C  C  L  M  N  L  T  O  N  N  M
U  E  O  Y  Y  I  A  T  O  M  M  E  T  B
L  R  H  V  C  T  L  A  B  R  E  D  D  E
D  Y  B  D  E  E  L  P  U  P  T  T  E  F
I  P  G  E  E  R  O  Q  U  A  E  G  E  M
A  M  A  H  X  P  I  Y  U  K  R  Y  M  R
Z  D  G  B  H  R  N  F  W  Z  T  A  Z  Y
```

| | |
|---|---|
| HØJDE | LÆNGDE |
| BYTE | MASSE |
| CENTIMETER | METER |
| KILOGRAM | MINUT |
| KILOMETER | OUNCE |
| DECIMAL | VÆGT |
| GRAD | PINT |
| GRAM | TOMME |
| BREDDE | DYBDE |
| LITER | TON |

## 1 - Scacchi

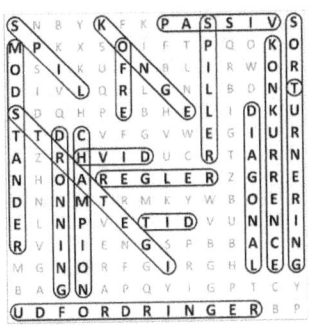

## 2 - Aggettivi #2

## 3 - Mobili

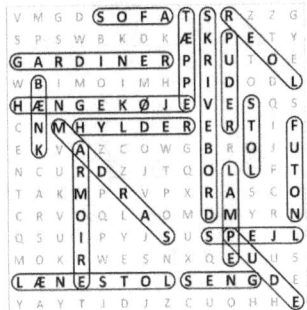

## 4 - Pesca

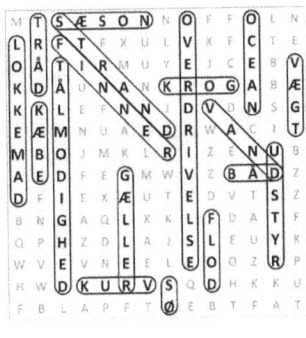

## 5 - Aggettivi #1

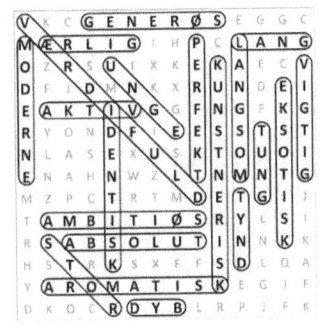

## 6 - Geologia

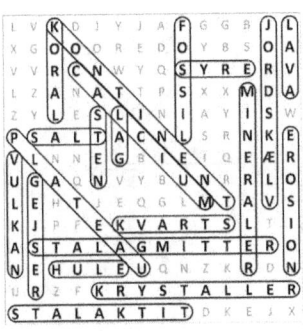

## 7 - Campeggio

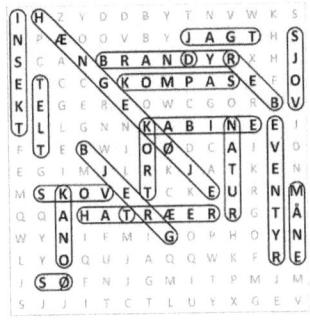

## 8 - Arti Visive

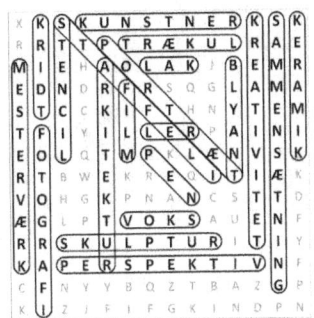

## 9 - Esplorazione

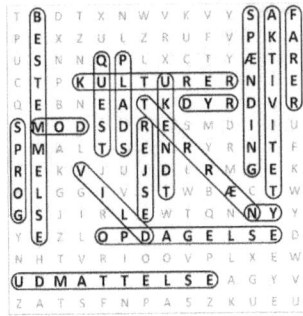

## 10 - Tempo

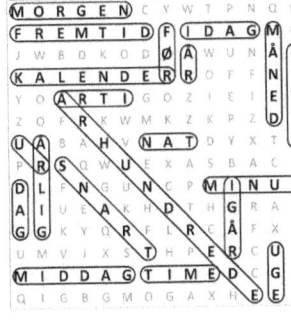

## 11 - Astronomia

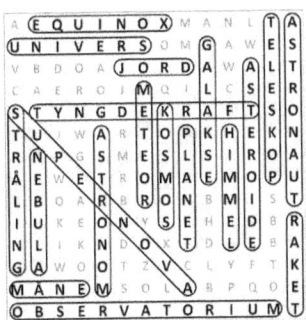

## 12 - Circo

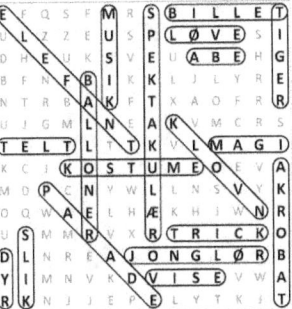

## 13 - Mitologia

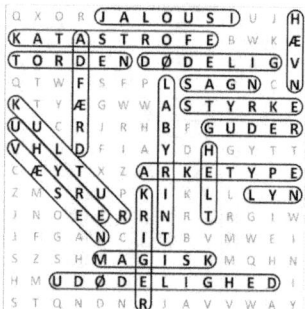

## 14 - Piante

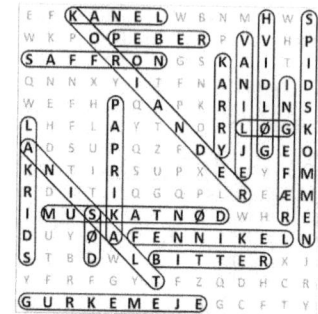

## 15 - Spezie

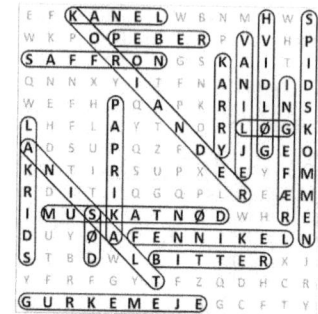

## 16 - Numeri

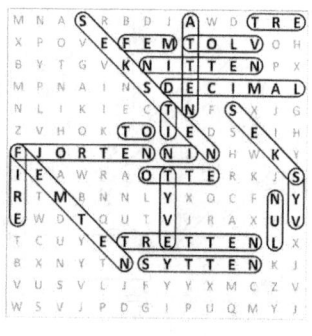

## 17 - Cioccolato

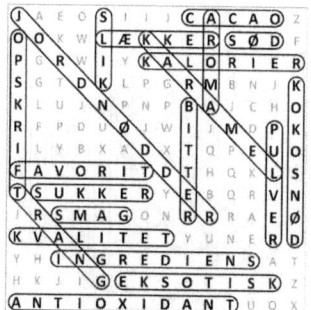

## 18 - Guida

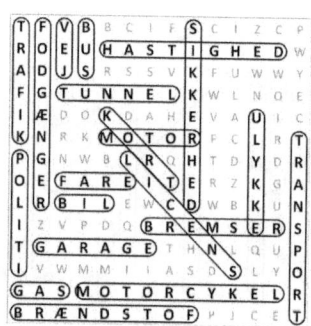

## 19 - Sport

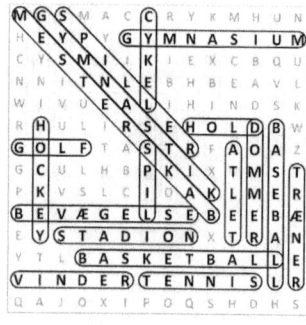

## 20 - Giocattoli

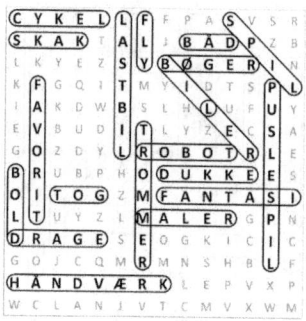

## 21 - Strumenti di Cottura

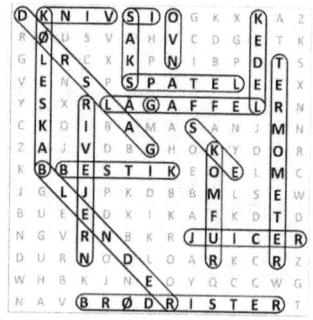

## 22 - Uccelli

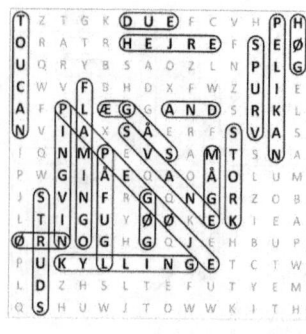

## 23 - Giorni e Mesi

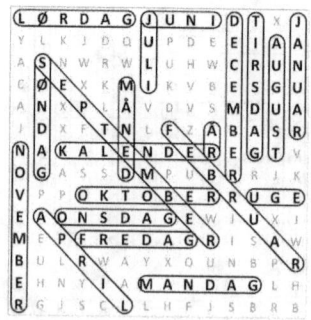

## 24 - Casa

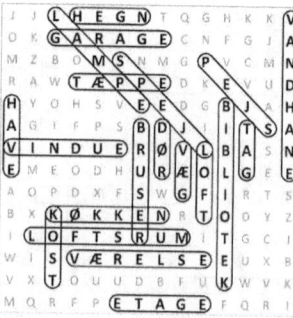

## 25 - Ristorante #1

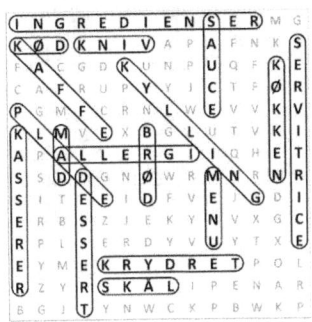

## 26 - Fantascienza

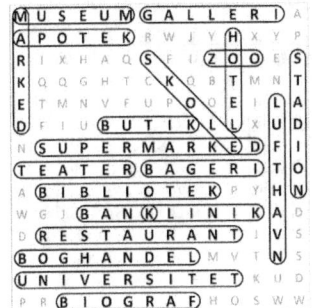

## 27 - Città

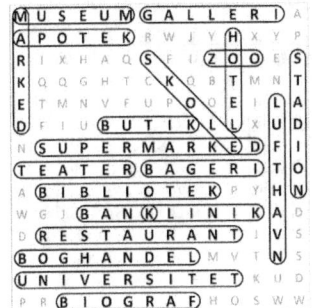

## 28 - Virtù #1

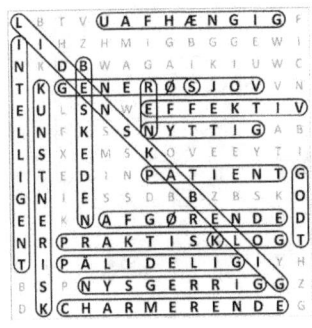

## 29 - Compleanno

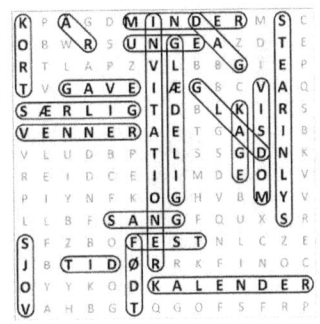

## 30 - Fattoria #1

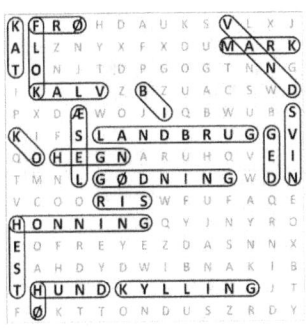

## 31 - Paesaggi

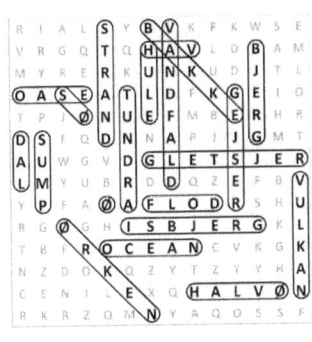

## 32 - Ristorante #2

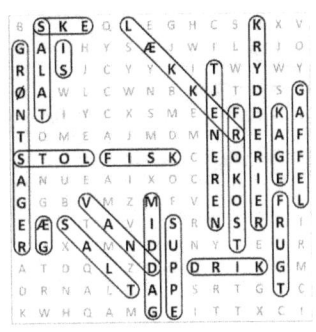

## 33 - Giardino

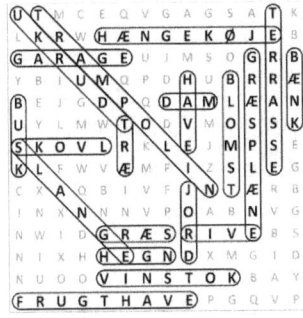

## 34 - Frutta

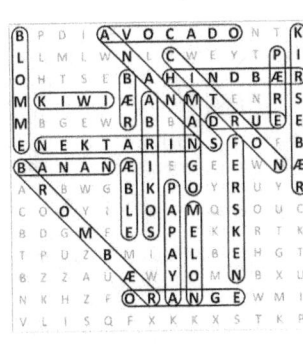

## 35 - Fattoria #2

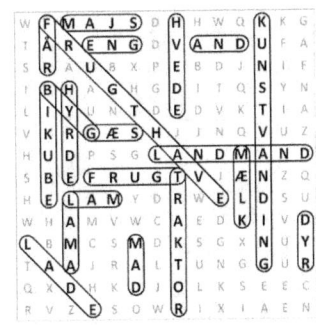

## 36 - Dinosauri

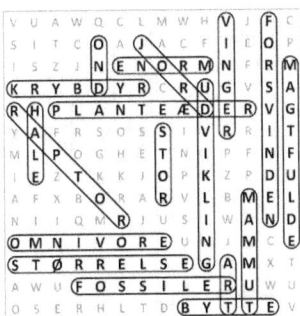

## 37 - Verdure

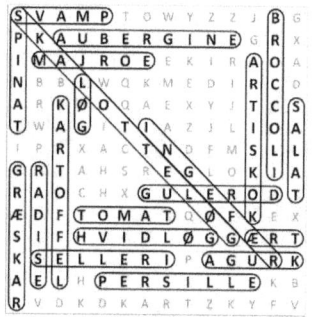

## 38 - Scuola #2

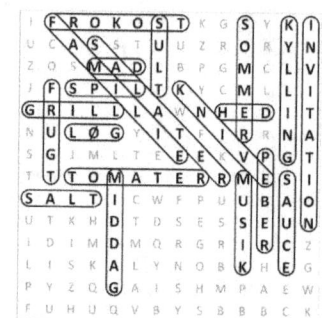

## 39 - Barbecue

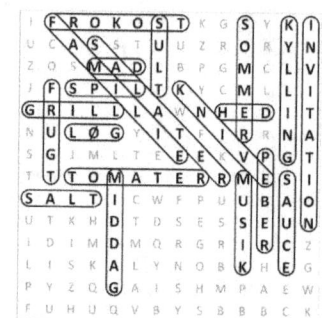

## 40 - Riempire

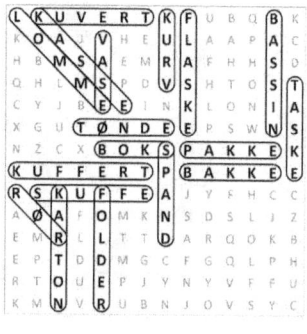

## 41 - Insetti

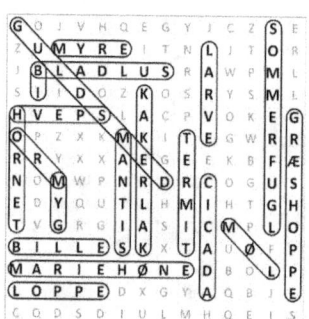

## 42 - Erboristeria

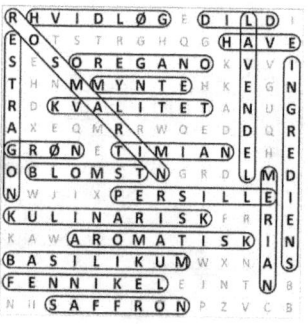

## 43 - Danza

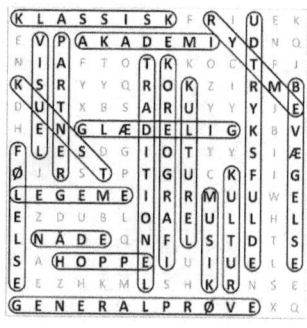

## 44 - Scuola #1

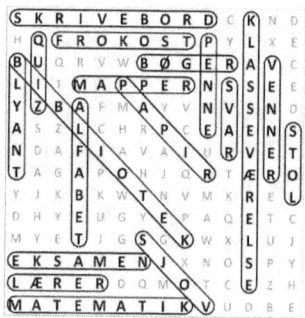

## 45 - Fiori

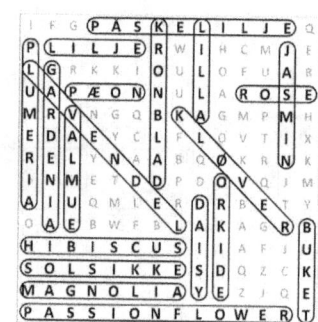

## 46 - Ecologia

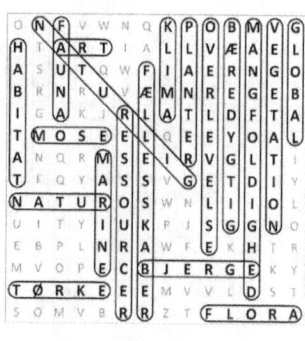

## 47 - Discipline Scientifiche

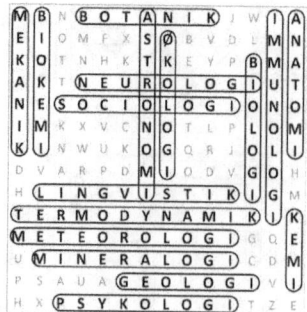

## 48 - Scienza

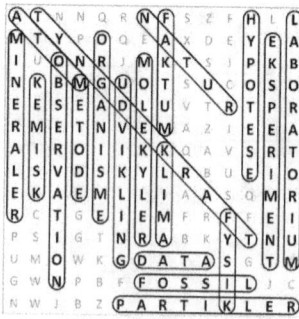

## 49 - Acqua

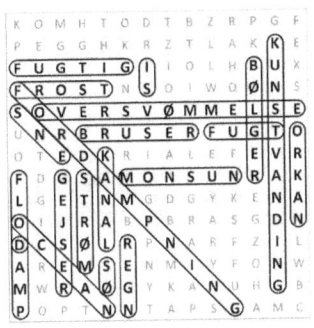

## 50 - Gatti

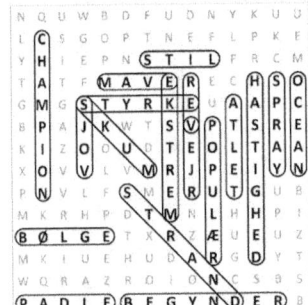

## 51 - Surf

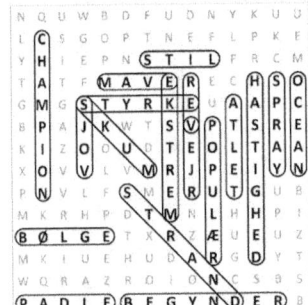

## 52 - Imbarcazioni

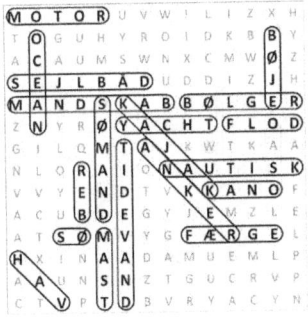

## 53 - Api

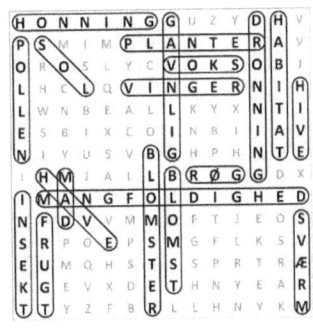

## 54 - Conservazione

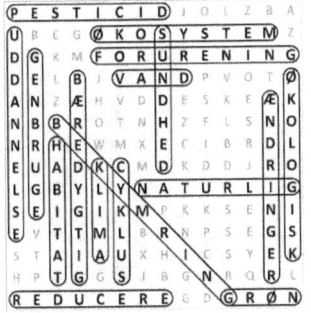

## 55 - Strumenti Musicali

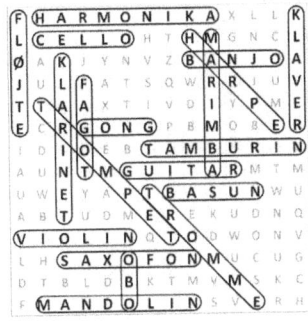

## 56 - Professioni #2

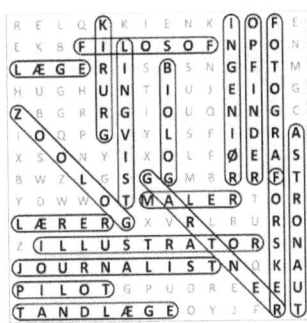

## 57 - Letteratura

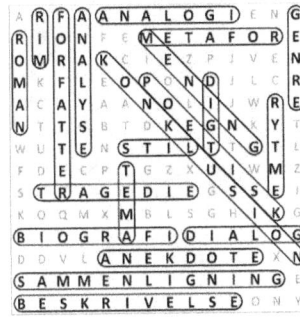

## 58 - Cibo #2

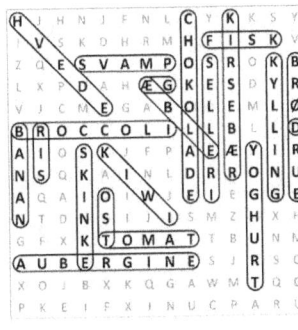

## 59 - Nutrizione

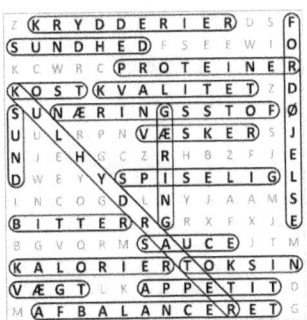

## 60 - Matematica

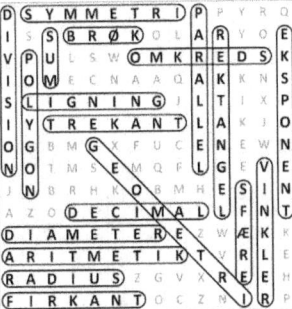

# 61 - Meditazione

# 62 - Estate

# 63 - Escursionismo

# 64 - Professioni #1

# 65 - Antartide

# 66 - Libri

# 67 - Geografia

# 68 - Cibo #1

# 69 - Aeroplani

# 70 - Pirati

# 71 - Colori

# 72 - Spiaggia

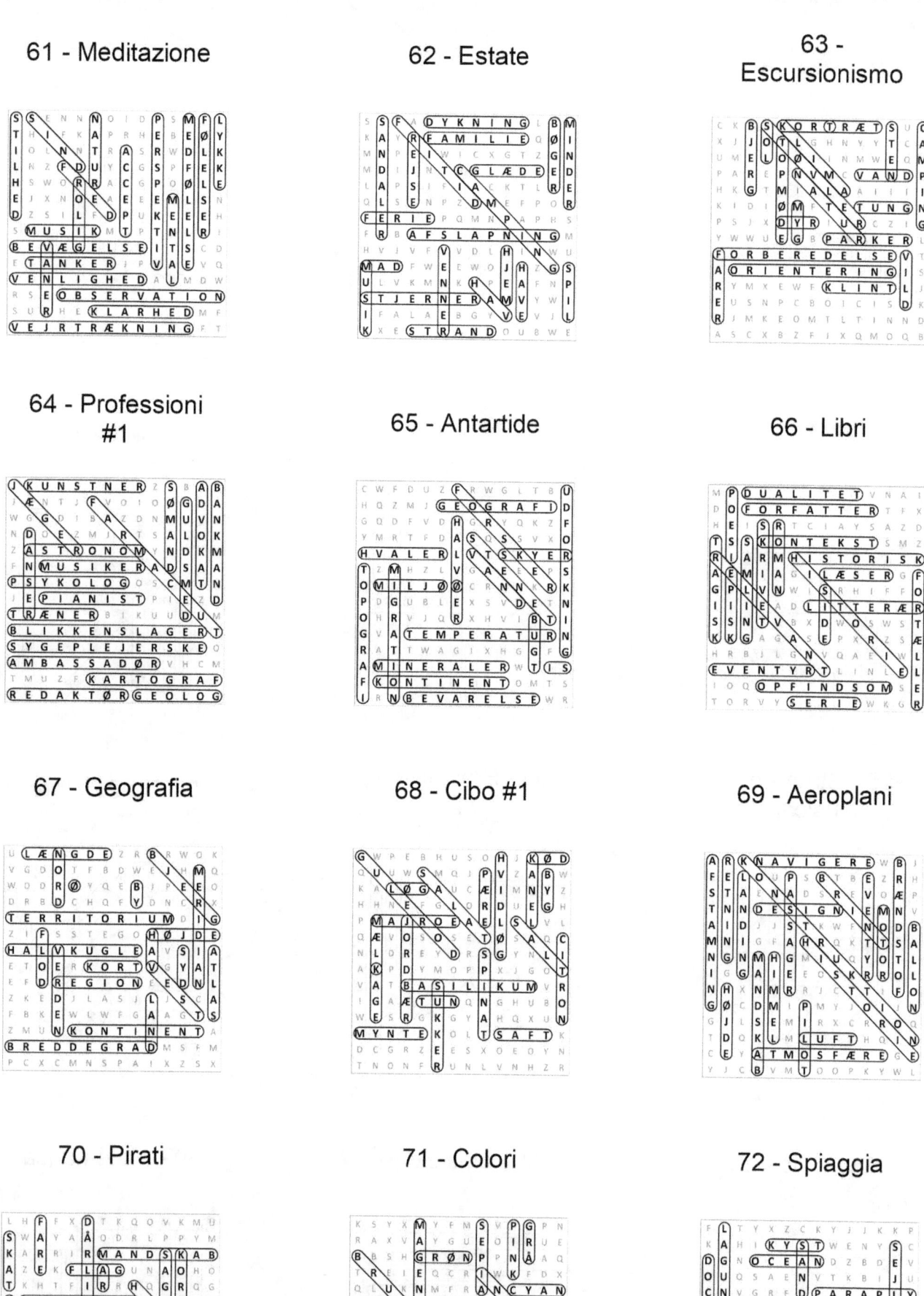

## 73 - Avventura

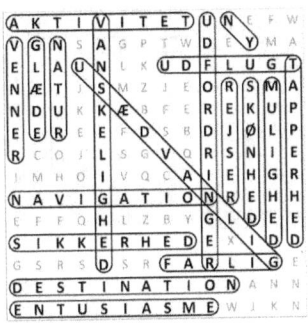

## 74 - Forme

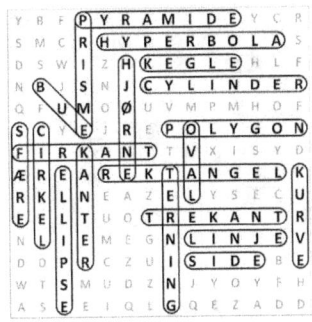

## 75 - Oceano

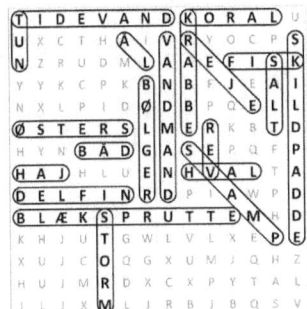

## 76 - Famiglia

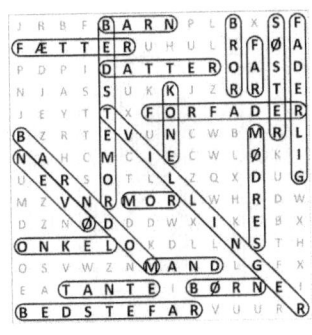

## 77 - Veicoli

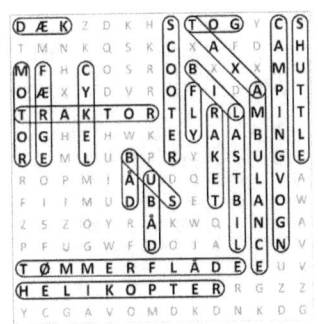

## 78 - Emozioni

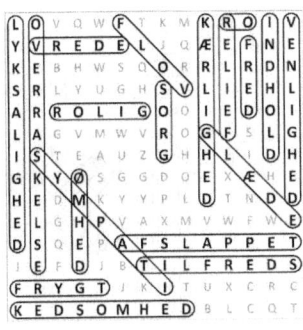

## 79 - Natura

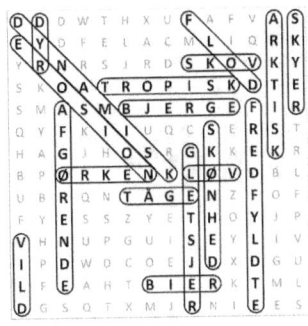

## 80 - Balletto

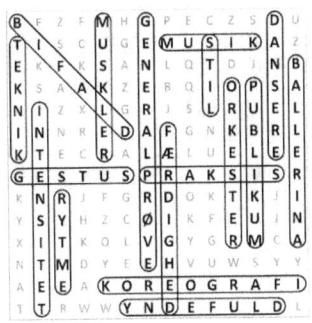

## 81 - Castelli

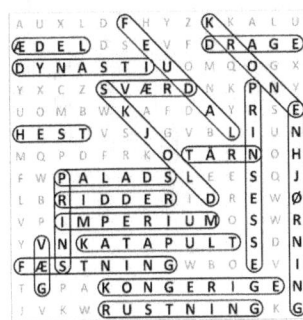

## 82 - Campionato

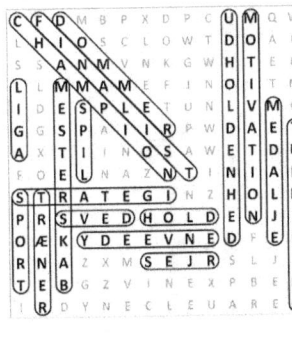

## 83 - Foresta Pluviale

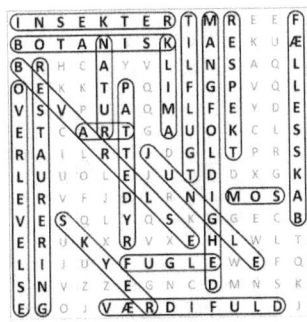

## 84 - Edifici

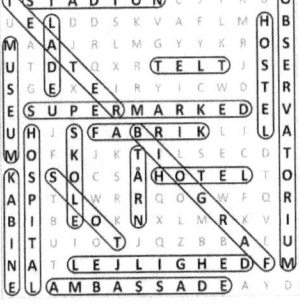

## 85 - Paesi #2

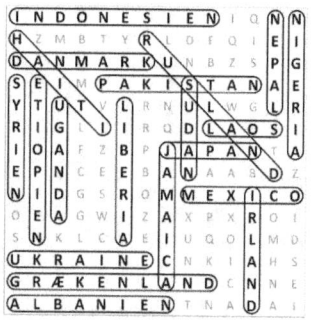

## 86 - Tipi di Capelli

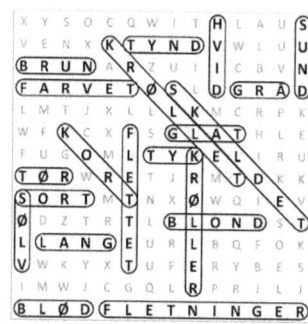

## 87 - Vestiti

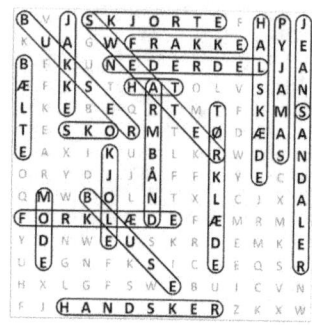

## 88 - Attività e Tempo Libero

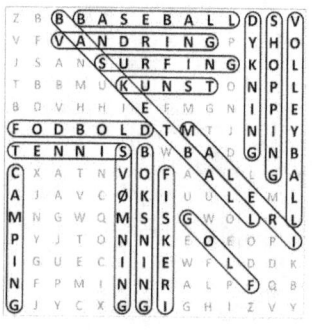

## 89 - Tecnologia

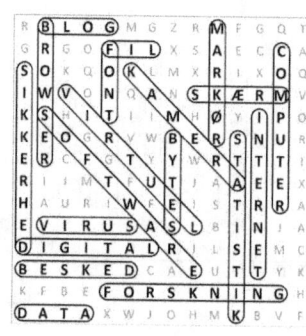

## 90 - Arte

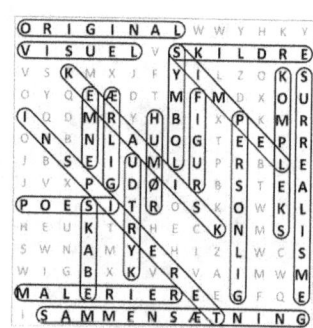

## 91 - Meteo

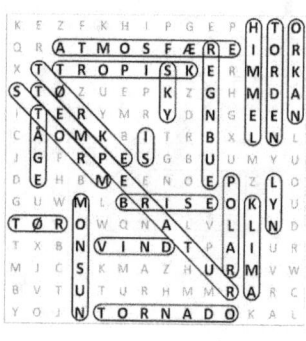

## 92 - Corpo Umano

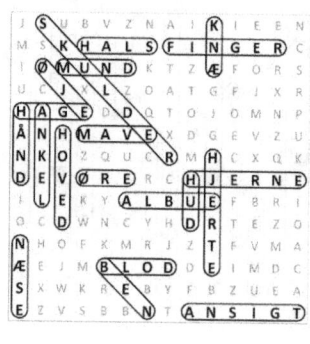

## 93 - Mammiferi

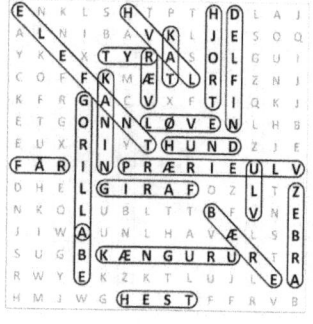

## 94 - Arrampicata

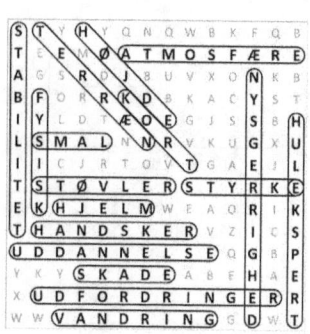

## 95 - Animali Domestici

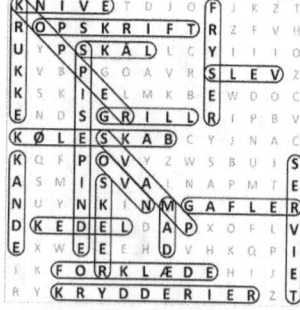

## 96 - Cucina

## 97 - Vacanze #2

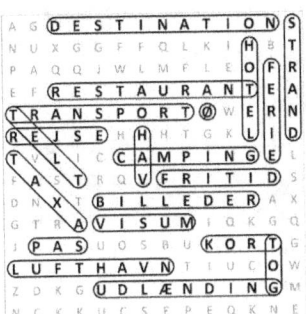

## 98 - Attività

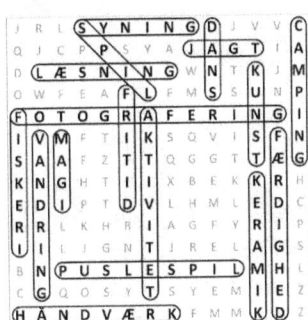

## 99 - Forniture Artistiche

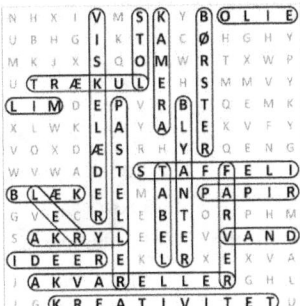

## 100 - Misurazioni

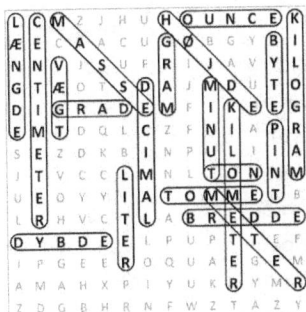

# Dizionario

## Acqua
### Vand

| | |
|---|---|
| **Alluvione** | Oversvømmelse |
| **Canale** | Kanal |
| **Doccia** | Bruser |
| **Evaporazione** | Fordampning |
| **Fiume** | Flod |
| **Flusso** | Strøm |
| **Gelo** | Frost |
| **Geyser** | Gejser |
| **Ghiaccio** | Is |
| **Irrigazione** | Kunstvanding |
| **Lago** | Sø |
| **Monsone** | Monsun |
| **Neve** | Sne |
| **Oceano** | Ocean |
| **Onde** | Bølger |
| **Pioggia** | Regn |
| **Umidità** | Fugt |
| **Umido** | Fugtig |
| **Uragano** | Orkan |
| **Vapore** | Damp |

## Aeroplani
### Fly

| | |
|---|---|
| **Altezza** | Højde |
| **Aria** | Luft |
| **Atmosfera** | Atmosfære |
| **Atterraggio** | Landing |
| **Avventura** | Eventyr |
| **Carburante** | Brændstof |
| **Cielo** | Himmel |
| **Costruzione** | Konstruktion |
| **Design** | Design |
| **Direzione** | Retning |
| **Discesa** | Afstamning |
| **Equipaggio** | Mandskab |
| **Idrogeno** | Brint |
| **Motore** | Motor |
| **Navigare** | Navigere |
| **Palloncino** | Ballon |
| **Passeggero** | Passager |
| **Pilota** | Pilot |
| **Storia** | Historie |
| **Turbolenza** | Turbulens |

## Aggettivi #1
### Tillægsord #1

| | |
|---|---|
| **Ambizioso** | Ambitiøs |
| **Aromatico** | Aromatisk |
| **Artistico** | Kunstnerisk |
| **Assoluto** | Absolut |
| **Attivo** | Aktiv |
| **Esotico** | Eksotisk |
| **Generoso** | Generøs |
| **Giovane** | Unge |
| **Grande** | Stor |
| **Identico** | Identisk |
| **Importante** | Vigtig |
| **Lento** | Langsom |
| **Lungo** | Lang |
| **Moderno** | Moderne |
| **Onesto** | Ærlig |
| **Perfetto** | Perfekt |
| **Pesante** | Tung |
| **Prezioso** | Værdifuld |
| **Profondo** | Dyb |
| **Sottile** | Tynd |

## Aggettivi #2
### Tillægsord #2

| | |
|---|---|
| **Affamato** | Sulten |
| **Asciutto** | Tør |
| **Autentico** | Autentisk |
| **Creativo** | Kreativ |
| **Descrittivo** | Beskrivende |
| **Dolce** | Sød |
| **Drammatico** | Dramatisk |
| **Elegante** | Elegant |
| **Famoso** | Berømt |
| **Forte** | Stærk |
| **Interessante** | Interessant |
| **Naturale** | Naturlig |
| **Normale** | Normal |
| **Nuovo** | Ny |
| **Orgoglioso** | Stolt |
| **Produttivo** | Produktiv |
| **Puro** | Ren |
| **Responsabile** | Ansvarlig |
| **Salato** | Saltet |
| **Sano** | Sund |

## Animali Domestici
### Kæledyr

| | |
|---|---|
| **Acqua** | Vand |
| **Artigli** | Kløer |
| **Cane** | Hund |
| **Capra** | Ged |
| **Cibo** | Mad |
| **Coda** | Hale |
| **Collare** | Krave |
| **Coniglio** | Kanin |
| **Criceto** | Hamster |
| **Cucciolo** | Hvalp |
| **Gattino** | Killing |
| **Gatto** | Kat |
| **Guinzaglio** | Snor |
| **Lucertola** | Firben |
| **Mucca** | Ko |
| **Pappagallo** | Papegøje |
| **Pesce** | Fisk |
| **Tartaruga** | Skildpadde |
| **Topo** | Mus |
| **Veterinario** | Dyrlæge |

## Antartide
### Antarktis

| | |
|---|---|
| **Acqua** | Vand |
| **Ambiente** | Miljø |
| **Baia** | Bugt |
| **Balene** | Hvaler |
| **Conservazione** | Bevarelse |
| **Continente** | Kontinent |
| **Esplorazione** | Udforskning |
| **Geografia** | Geografi |
| **Ghiaccio** | Is |
| **Isole** | Øer |
| **Migrazione** | Migration |
| **Minerali** | Mineraler |
| **Nuvole** | Skyer |
| **Penisola** | Halvø |
| **Ricercatore** | Forsker |
| **Roccioso** | Stenet |
| **Scientifico** | Videnskabelig |
| **Spedizione** | Ekspedition |
| **Temperatura** | Temperatur |
| **Topografia** | Topografi |

## Api
### Bier

| | |
|---|---|
| **Ali** | Vinger |
| **Alveare** | Hive |
| **Benefico** | Gavnlig |
| **Cera** | Voks |
| **Cibo** | Mad |
| **Diversità** | Mangfoldighed |
| **Ecosistema** | Økosystem |
| **Fiori** | Blomster |
| **Fiorire** | Blomst |
| **Frutta** | Frugt |
| **Fumo** | Røg |
| **Giardino** | Have |
| **Habitat** | Habitat |
| **Insetto** | Insekt |
| **Miele** | Honning |
| **Piante** | Planter |
| **Polline** | Pollen |
| **Regina** | Dronning |
| **Sciame** | Sværm |
| **Sole** | Sol |

## Arrampicata
### Klatring

| | |
|---|---|
| **Altitudine** | Højde |
| **Atmosfera** | Atmosfære |
| **Casco** | Hjelm |
| **Curiosità** | Nysgerrighed |
| **Escursioni** | Vandring |
| **Esperto** | Ekspert |
| **Fisico** | Fysisk |
| **Formazione** | Uddannelse |
| **Forza** | Styrke |
| **Grotta** | Hule |
| **Guanti** | Handsker |
| **Lesione** | Skade |
| **Mappa** | Kort |
| **Sfide** | Udfordringer |
| **Stabilità** | Stabilitet |
| **Stivali** | Støvler |
| **Stretto** | Smal |
| **Terreno** | Terræn |

## Arte
### Kunst

| | |
|---|---|
| **Ceramica** | Keramisk |
| **Complesso** | Kompleks |
| **Composizione** | Sammensætning |
| **Creare** | Skabe |
| **Dipinti** | Malerier |
| **Espressione** | Udtryk |
| **Figura** | Figur |
| **Ispirato** | Inspireret |
| **Onesto** | Ærlig |
| **Originale** | Original |
| **Personale** | Personlig |
| **Poesia** | Poesi |
| **Ritrarre** | Skildre |
| **Scultura** | Skulptur |
| **Semplice** | Simpel |
| **Simbolo** | Symbol |
| **Soggetto** | Emne |
| **Surrealismo** | Surrealisme |
| **Umore** | Humør |
| **Visivo** | Visuel |

## Arti Visive
### Billedkunst

| | |
|---|---|
| **Architettura** | Arkitektur |
| **Argilla** | Ler |
| **Artista** | Kunstner |
| **Capolavoro** | Mesterværk |
| **Carbone** | Trækul |
| **Cavalletto** | Staffeli |
| **Cera** | Voks |
| **Ceramica** | Keramik |
| **Composizione** | Sammensætning |
| **Creatività** | Kreativitet |
| **Film** | Film |
| **Fotografia** | Fotografi |
| **Gesso** | Kridt |
| **Matita** | Blyant |
| **Penna** | Pen |
| **Prospettiva** | Perspektiv |
| **Ritratto** | Portræt |
| **Scultura** | Skulptur |
| **Stampino** | Stencil |
| **Vernice** | Lak |

## Astronomia
### Astronomi

| | |
|---|---|
| **Asteroide** | Asteroide |
| **Astronauta** | Astronaut |
| **Astronomo** | Astronom |
| **Cielo** | Himmel |
| **Cosmo** | Kosmos |
| **Costellazione** | Konstellation |
| **Equinozio** | Equinox |
| **Galassia** | Galakse |
| **Gravità** | Tyngdekraft |
| **Luna** | Måne |
| **Meteora** | Meteor |
| **Nebulosa** | Nebula |
| **Osservatorio** | Observatorium |
| **Pianeta** | Planet |
| **Radiazione** | Stråling |
| **Razzo** | Raket |
| **Supernova** | Supernova |
| **Telescopio** | Teleskop |
| **Terra** | Jord |
| **Universo** | Univers |

## Attività
### Aktiviteter

| | |
|---|---|
| **Abilità** | Færdighed |
| **Arte** | Kunst |
| **Artigianato** | Håndværk |
| **Attività** | Aktivitet |
| **Caccia** | Jagt |
| **Campeggio** | Camping |
| **Ceramica** | Keramik |
| **Cucire** | Syning |
| **Danza** | Dans |
| **Escursioni** | Vandring |
| **Fotografia** | Fotografering |
| **Giardinaggio** | Havearbejde |
| **Giochi** | Spil |
| **Lettura** | Læsning |
| **Magia** | Magi |
| **Pesca** | Fiskeri |
| **Piacere** | Fornøjelse |
| **Puzzle** | Puslespil |
| **Rilassamento** | Afslapning |
| **Tempo Libero** | Fritid |

## Attività e Tempo Libero
### Aktiviteter og Fritid

|  |  |
|---|---|
| Arte | Kunst |
| Baseball | Baseball |
| Basket | Basketball |
| Boxe | Boksning |
| Calcio | Fodbold |
| Campeggio | Camping |
| Escursioni | Vandring |
| Giardinaggio | Havearbejde |
| Golf | Golf |
| Immersione | Dykning |
| Nuoto | Svømning |
| Pallavolo | Volleyball |
| Pesca | Fiskeri |
| Pittura | Maleri |
| Rilassante | Afslappende |
| Shopping | Shopping |
| Surf | Surfing |
| Tennis | Tennis |
| Viaggio | Rejse |

## Avventura
### Eventyr

|  |  |
|---|---|
| Amici | Venner |
| Attività | Aktivitet |
| Bellezza | Skønhed |
| Coraggio | Tapperhed |
| Destinazione | Destination |
| Difficoltà | Vanskelighed |
| Entusiasmo | Entusiasme |
| Escursione | Udflugt |
| Gioia | Glæde |
| Insolito | Usædvanlig |
| Itinerario | Rejseplan |
| Natura | Natur |
| Navigazione | Navigation |
| Nuovo | Ny |
| Opportunità | Mulighed |
| Pericoloso | Farlig |
| Preparazione | Forberedelse |
| Sfide | Udfordringer |
| Sicurezza | Sikkerhed |
| Viaggi | Rejser |

## Balletto
### Ballet

|  |  |
|---|---|
| Abilità | Færdighed |
| Applauso | Bifald |
| Artistico | Kunstnerisk |
| Ballerina | Ballerina |
| Ballerini | Dansere |
| Compositore | Komponist |
| Coreografia | Koreografi |
| Espressivo | Udtryksfulde |
| Gesto | Gestus |
| Grazioso | Yndefuld |
| Intensità | Intensitet |
| Muscoli | Muskler |
| Musica | Musik |
| Orchestra | Orkester |
| Pratica | Praksis |
| Prova | Generalprøve |
| Pubblico | Publikum |
| Ritmo | Rytme |
| Stile | Stil |
| Tecnica | Teknik |

## Barbecue
### Grillninger

|  |  |
|---|---|
| Caldo | Hed |
| Cena | Middag |
| Cibo | Mad |
| Cipolle | Løg |
| Coltelli | Knive |
| Estate | Sommer |
| Fame | Sult |
| Famiglia | Familie |
| Frutta | Frugt |
| Giochi | Spil |
| Griglia | Grill |
| Insalate | Salater |
| Invito | Invitation |
| Musica | Musik |
| Pepe | Peber |
| Pollo | Kylling |
| Pomodori | Tomater |
| Pranzo | Frokost |
| Sale | Salt |
| Salsa | Sauce |

## Campeggio
### Camping

|  |  |
|---|---|
| Alberi | Træer |
| Amaca | Hængekøje |
| Animali | Dyr |
| Avventura | Eventyr |
| Bussola | Kompas |
| Cabina | Kabine |
| Caccia | Jagt |
| Canoa | Kano |
| Cappello | Hat |
| Corda | Reb |
| Divertimento | Sjov |
| Foresta | Skov |
| Fuoco | Brand |
| Insetto | Insekt |
| Lago | Sø |
| Luna | Måne |
| Mappa | Kort |
| Montagna | Bjerg |
| Natura | Natur |
| Tenda | Telt |

## Campionato
### Mesterskabet

|  |  |
|---|---|
| Allenatore | Træner |
| Campionato | Mesterskab |
| Campione | Champion |
| Finalista | Finalist |
| Giochi | Spil |
| Giudice | Dommer |
| Lega | Liga |
| Medaglia | Medalje |
| Motivazione | Motivation |
| Prestazione | Ydeevne |
| Resistenza | Udholdenhed |
| Sportivo | Sport |
| Squadra | Hold |
| Strategia | Strategi |
| Sudore | Sved |
| Torneo | Turnering |
| Vittoria | Sejr |

## Casa
### Hus

|  |  |
|---|---|
| **Attico** | Loftsrum |
| **Biblioteca** | Bibliotek |
| **Camera** | Værelse |
| **Camino** | Pejs |
| **Cucina** | Køkken |
| **Doccia** | Bruser |
| **Finestra** | Vindue |
| **Garage** | Garage |
| **Giardino** | Have |
| **Lampada** | Lampe |
| **Parete** | Væg |
| **Pavimento** | Etage |
| **Porta** | Dør |
| **Recinto** | Hegn |
| **Rubinetto** | Vandhane |
| **Scopa** | Kost |
| **Soffitto** | Loft |
| **Specchio** | Spejl |
| **Tappeto** | Tæppe |
| **Tetto** | Tag |

## Castelli
### Slotte

|  |  |
|---|---|
| **Armatura** | Rustning |
| **Catapulta** | Katapult |
| **Cavaliere** | Ridder |
| **Cavallo** | Hest |
| **Corona** | Krone |
| **Dinastia** | Dynasti |
| **Drago** | Drage |
| **Feudale** | Feudal |
| **Fortezza** | Fæstning |
| **Impero** | Imperium |
| **Nobile** | Ædel |
| **Palazzo** | Palads |
| **Parete** | Væg |
| **Principe** | Prins |
| **Principessa** | Prinsesse |
| **Regno** | Kongerige |
| **Scudo** | Skjold |
| **Spada** | Sværd |
| **Torre** | Tårn |
| **Unicorno** | Enhjørning |

## Cibo #1
### Mad #1

|  |  |
|---|---|
| **Aglio** | Hvidløg |
| **Basilico** | Basilikum |
| **Cannella** | Kanel |
| **Carne** | Kød |
| **Carota** | Gulerod |
| **Cipolla** | Løg |
| **Fragola** | Jordbær |
| **Insalata** | Salat |
| **Latte** | Mælk |
| **Limone** | Citron |
| **Menta** | Mynte |
| **Orzo** | Byg |
| **Pera** | Pære |
| **Rapa** | Majroe |
| **Sale** | Salt |
| **Spinaci** | Spinat |
| **Succo** | Saft |
| **Tonno** | Tun |
| **Torta** | Kage |
| **Zucchero** | Sukker |

## Cibo #2
### Mad #2

|  |  |
|---|---|
| **Banana** | Banan |
| **Broccolo** | Broccoli |
| **Ciliegia** | Kirsebær |
| **Cioccolato** | Chokolade |
| **Formaggio** | Ost |
| **Fungo** | Svamp |
| **Grano** | Hvede |
| **Kiwi** | Kiwi |
| **Mela** | Æble |
| **Melanzana** | Aubergine |
| **Pane** | Brød |
| **Pesce** | Fisk |
| **Pollo** | Kylling |
| **Pomodoro** | Tomat |
| **Prosciutto** | Skinke |
| **Riso** | Ris |
| **Sedano** | Selleri |
| **Uovo** | Æg |
| **Uva** | Drue |
| **Yogurt** | Yoghurt |

## Cioccolato
### Chokolade

|  |  |
|---|---|
| **Amaro** | Bitter |
| **Antiossidante** | Antioxidant |
| **Arachidi** | Jordnødder |
| **Aroma** | Aroma |
| **Brama** | Trang |
| **Cacao** | Cacao |
| **Calorie** | Kalorier |
| **Caramella** | Slik |
| **Caramello** | Karamel |
| **Delizioso** | Lækker |
| **Dolce** | Sød |
| **Esotico** | Eksotisk |
| **Gusto** | Smag |
| **Ingrediente** | Ingrediens |
| **Noce di Cocco** | Kokosnød |
| **Polvere** | Pulver |
| **Preferito** | Favorit |
| **Qualità** | Kvalitet |
| **Ricetta** | Opskrift |
| **Zucchero** | Sukker |

## Circo
### Cirkus

|  |  |
|---|---|
| **Acrobata** | Akrobat |
| **Animali** | Dyr |
| **Biglietto** | Billet |
| **Caramella** | Slik |
| **Clown** | Klovn |
| **Costume** | Kostume |
| **Elefante** | Elefant |
| **Giocoliere** | Jonglør |
| **Leone** | Løve |
| **Magia** | Magi |
| **Mostrare** | Vise |
| **Musica** | Musik |
| **Palloncini** | Balloner |
| **Parata** | Parade |
| **Scimmia** | Abe |
| **Spettacolare** | Spektakulær |
| **Spettatore** | Tilskuer |
| **Tenda** | Telt |
| **Tigre** | Tiger |
| **Trucco** | Trick |

## Città
### By

| | |
|---|---|
| Aeroporto | Lufthavn |
| Banca | Bank |
| Biblioteca | Bibliotek |
| Cinema | Biograf |
| Clinica | Klinik |
| Farmacia | Apotek |
| Galleria | Galleri |
| Hotel | Hotel |
| Libreria | Boghandel |
| Mercato | Marked |
| Museo | Museum |
| Negozio | Butik |
| Panetteria | Bageri |
| Ristorante | Restaurant |
| Scuola | Skole |
| Stadio | Stadion |
| Supermercato | Supermarked |
| Teatro | Teater |
| Università | Universitet |
| Zoo | Zoo |

## Colori
### Farver

| | |
|---|---|
| Arancia | Orange |
| Azzurro | Azur |
| Beige | Beige |
| Bianco | Hvid |
| Blu | Blå |
| Ciano | Cyan |
| Cremisi | Crimson |
| Fucsia | Fuchsia |
| Giallo | Gul |
| Grigio | Grå |
| Indaco | Indigo |
| Magenta | Magenta |
| Marrone | Brun |
| Nero | Sort |
| Rosa | Pink |
| Rosso | Rød |
| Seppia | Sepia |
| Verde | Grøn |
| Viola | Lilla |

## Compleanno
### Fødselsdag

| | |
|---|---|
| Amici | Venner |
| Anno | År |
| Calendario | Kalender |
| Candele | Stearinlys |
| Canzone | Sang |
| Carte | Kort |
| Celebrazione | Fest |
| Divertimento | Sjov |
| Felice | Glad |
| Gioioso | Glædelig |
| Giorno | Dag |
| Giovane | Unge |
| Inviti | Invitationer |
| Nato | Født |
| Regalo | Gave |
| Ricordi | Minder |
| Saggezza | Visdom |
| Speciale | Særlig |
| Tempo | Tid |
| Torta | Kage |

## Conservazione
### Bevaring

| | |
|---|---|
| Acqua | Vand |
| Ambientale | Miljømæssig |
| Cambiamenti | Ændringer |
| Ciclo | Cyklus |
| Clima | Klima |
| Ecosistema | Økosystem |
| Educazione | Uddannelse |
| Habitat | Habitat |
| Inquinamento | Forurening |
| Naturale | Naturlig |
| Organico | Økologisk |
| Pesticida | Pesticid |
| Preoccupazione | Bekymring |
| Riciclare | Genbruge |
| Ridurre | Reducere |
| Salute | Sundhed |
| Sostenibile | Bæredygtig |
| Verde | Grøn |
| Volontario | Frivillig |

## Corpo Umano
### Menneskekroppen

| | |
|---|---|
| Bocca | Mund |
| Caviglia | Ankel |
| Cervello | Hjerne |
| Collo | Hals |
| Cuore | Hjerte |
| Dito | Finger |
| Faccia | Ansigt |
| Gamba | Ben |
| Ginocchio | Knæ |
| Gomito | Albue |
| Mano | Hånd |
| Mento | Hage |
| Naso | Næse |
| Occhio | Øje |
| Orecchio | Øre |
| Pelle | Hud |
| Sangue | Blod |
| Spalla | Skulder |
| Stomaco | Mave |
| Testa | Hoved |

## Cucina
### Køkken

| | |
|---|---|
| Bacchette | Spisepinde |
| Bollitore | Kedel |
| Brocca | Kande |
| Cibo | Mad |
| Ciotola | Skål |
| Coltelli | Knive |
| Congelatore | Fryser |
| Cucchiai | Skeer |
| Forchette | Gafler |
| Forno | Ovn |
| Frigorifero | Køleskab |
| Grembiule | Forklæde |
| Griglia | Grill |
| Mestolo | Slev |
| Ricetta | Opskrift |
| Spezie | Krydderier |
| Spugna | Svamp |
| Tazze | Kopper |
| Tovagliolo | Serviet |
| Vaso | Krukke |

## Danza
### Dans

| | |
|---|---|
| **Accademia** | Akademi |
| **Arte** | Kunst |
| **Classico** | Klassisk |
| **Compagno** | Partner |
| **Coreografia** | Koreografi |
| **Corpo** | Legeme |
| **Cultura** | Kultur |
| **Culturale** | Kulturel |
| **Emozione** | Følelse |
| **Espressivo** | Udtryksfulde |
| **Gioioso** | Glædelig |
| **Grazia** | Nåde |
| **Movimento** | Bevægelse |
| **Musica** | Musik |
| **Prova** | Generalprøve |
| **Ritmo** | Rytme |
| **Salto** | Hoppe |
| **Tradizionale** | Traditionel |
| **Visivo** | Visuel |

## Dinosauri
### Dinosaurer

| | |
|---|---|
| **Ali** | Vinger |
| **Coda** | Hale |
| **Enorme** | Enorm |
| **Erbivoro** | Planteæder |
| **Evoluzione** | Udvikling |
| **Fossili** | Fossiler |
| **Grande** | Stor |
| **Mammut** | Mammut |
| **Onnivoro** | Omnivore |
| **Potente** | Magtfulde |
| **Preda** | Bytte |
| **Preistorico** | Forhistorisk |
| **Rapace** | Raptor |
| **Rettile** | Krybdyr |
| **Scomparsa** | Forsvinden |
| **Specie** | Art |
| **Taglia** | Størrelse |
| **Terra** | Jord |
| **Vizioso** | Ond |

## Discipline Scientifiche
### Videnskabelige Disciplin

| | |
|---|---|
| **Anatomia** | Anatomi |
| **Archeologia** | Arkæologi |
| **Astronomia** | Astronomi |
| **Biochimica** | Biokemi |
| **Biologia** | Biologi |
| **Botanica** | Botanik |
| **Chimica** | Kemi |
| **Ecologia** | Økologi |
| **Fisiologia** | Fysiologi |
| **Geologia** | Geologi |
| **Immunologia** | Immunologi |
| **Linguistica** | Lingvistik |
| **Meccanica** | Mekanik |
| **Meteorologia** | Meteorologi |
| **Mineralogia** | Mineralogi |
| **Neurologia** | Neurologi |
| **Psicologia** | Psykologi |
| **Sociologia** | Sociologi |
| **Termodinamica** | Termodynamik |
| **Zoologia** | Zoologi |

## Ecologia
### Økologi

| | |
|---|---|
| **Clima** | Klima |
| **Comunità** | Fællesskaber |
| **Diversità** | Mangfoldighed |
| **Fauna** | Fauna |
| **Flora** | Flora |
| **Globale** | Global |
| **Habitat** | Habitat |
| **Marino** | Marine |
| **Montagne** | Bjerge |
| **Natura** | Natur |
| **Naturale** | Naturlig |
| **Palude** | Mose |
| **Piante** | Planter |
| **Risorse** | Ressourcer |
| **Siccità** | Tørke |
| **Sopravvivenza** | Overlevelse |
| **Sostenibile** | Bæredygtig |
| **Specie** | Art |
| **Vegetazione** | Vegetation |
| **Volontari** | Frivillige |

## Edifici
### Bygninger

| | |
|---|---|
| **Ambasciata** | Ambassade |
| **Appartamento** | Lejlighed |
| **Cabina** | Kabine |
| **Castello** | Slot |
| **Cinema** | Biograf |
| **Fabbrica** | Fabrik |
| **Fienile** | Lade |
| **Hotel** | Hotel |
| **Laboratorio** | Laboratorium |
| **Museo** | Museum |
| **Ospedale** | Hospital |
| **Osservatorio** | Observatorium |
| **Ostello** | Hostel |
| **Scuola** | Skole |
| **Stadio** | Stadion |
| **Supermercato** | Supermarked |
| **Teatro** | Teater |
| **Tenda** | Telt |
| **Torre** | Tårn |
| **Università** | Universitet |

## Emozioni
### Følelser

| | |
|---|---|
| **Amore** | Kærlighed |
| **Beatitudine** | Lyksalighed |
| **Calma** | Rolig |
| **Contenuto** | Indhold |
| **Gentilezza** | Venlighed |
| **Gioia** | Glæde |
| **Grato** | Taknemmelig |
| **Imbarazzato** | Flov |
| **Noia** | Kedsomhed |
| **Pace** | Fred |
| **Paura** | Frygt |
| **Rabbia** | Vrede |
| **Rilassato** | Afslappet |
| **Rilievo** | Relief |
| **Simpatia** | Sympati |
| **Soddisfatto** | Tilfreds |
| **Sorpresa** | Overraskelse |
| **Tenerezza** | Ømhed |
| **Tranquillità** | Ro |
| **Tristezza** | Sorg |

## Erboristeria
### Herbalisme

| | |
|---|---|
| Aglio | Hvidløg |
| Aneto | Dild |
| Aromatico | Aromatisk |
| Basilico | Basilikum |
| Culinario | Kulinarisk |
| Dragoncello | Estragon |
| Finocchio | Fennikel |
| Fiore | Blomst |
| Giardino | Have |
| Ingrediente | Ingrediens |
| Lavanda | Lavendel |
| Maggiorana | Merian |
| Menta | Mynte |
| Origano | Oregano |
| Prezzemolo | Persille |
| Qualità | Kvalitet |
| Rosmarino | Rosmarin |
| Timo | Timian |
| Verde | Grøn |
| Zafferano | Saffron |

## Escursionismo
### Vandreture

| | |
|---|---|
| Acqua | Vand |
| Animali | Dyr |
| Campeggio | Camping |
| Clima | Klima |
| Mappa | Kort |
| Montagna | Bjerg |
| Natura | Natur |
| Orientamento | Orientering |
| Parchi | Parker |
| Pericoli | Farer |
| Pesante | Tung |
| Pietre | Sten |
| Preparazione | Forberedelse |
| Scogliera | Klint |
| Selvaggio | Vild |
| Sole | Sol |
| Stanco | Træt |
| Stivali | Støvler |
| Vertice | Topmøde |
| Zanzare | Myg |

## Esplorazione
### Udforskning

| | |
|---|---|
| Animali | Dyr |
| Attività | Aktivitet |
| Coraggio | Mod |
| Culture | Kulturer |
| Determinazione | Bestemmelse |
| Eccitazione | Spænding |
| Esaurimento | Udmattelse |
| Lingua | Sprog |
| Nuovo | Ny |
| Pericoli | Farer |
| Ricerca | Quest |
| Sconosciuto | Ukendt |
| Scoperta | Opdagelse |
| Selvaggio | Vild |
| Spazio | Plads |
| Terreno | Terræn |
| Viaggio | Rejse |

## Estate
### Sommer

| | |
|---|---|
| Amici | Venner |
| Campeggio | Camping |
| Casa | Hjem |
| Cibo | Mad |
| Famiglia | Familie |
| Giardino | Have |
| Giochi | Spil |
| Gioia | Glæde |
| Immersione | Dykning |
| Libri | Bøger |
| Mare | Hav |
| Musica | Musik |
| Ricordi | Minder |
| Rilassamento | Afslapning |
| Sandali | Sandaler |
| Spiaggia | Strand |
| Stelle | Stjerner |
| Tempo Libero | Fritid |
| Vacanza | Ferie |
| Viaggio | Rejse |

## Famiglia
### Familie

| | |
|---|---|
| Antenato | Forfader |
| Bambini | Børn |
| Bambino | Barn |
| Cugino | Fætter |
| Figlia | Datter |
| Fratello | Bror |
| Gemelli | Tvillinger |
| Infanzia | Barndom |
| Madre | Mor |
| Marito | Mand |
| Materno | Mødres |
| Moglie | Kone |
| Nipote | Nevø |
| Nonna | Bedstemor |
| Nonno | Bedstefar |
| Padre | Far |
| Paterno | Faderlig |
| Sorella | Søster |
| Zia | Tante |
| Zio | Onkel |

## Fantascienza
### Science Fiction

| | |
|---|---|
| Atomico | Atomar |
| Cinema | Biograf |
| Distopia | Dystopi |
| Esplosione | Eksplosion |
| Estremo | Ekstrem |
| Fantastico | Fantastisk |
| Fuoco | Brand |
| Futuristico | Futuristisk |
| Galassia | Galakse |
| Illusione | Illusion |
| Immaginario | Imaginær |
| Libri | Bøger |
| Misterioso | Mystisk |
| Mondo | Verden |
| Oracolo | Oracle |
| Pianeta | Planet |
| Realistico | Realistisk |
| Robot | Robotter |
| Tecnologia | Teknologi |
| Utopia | Utopi |

## Fattoria #1
### Bondegård #1

| | |
|---|---|
| **Acqua** | Vand |
| **Agricoltura** | Landbrug |
| **Ape** | Bi |
| **Asino** | Æsel |
| **Campo** | Mark |
| **Cane** | Hund |
| **Capra** | Ged |
| **Cavallo** | Hest |
| **Fertilizzante** | Gødning |
| **Fieno** | Hø |
| **Gatto** | Kat |
| **Gregge** | Flok |
| **Maiale** | Svin |
| **Miele** | Honning |
| **Mucca** | Ko |
| **Pollo** | Kylling |
| **Recinto** | Hegn |
| **Riso** | Ris |
| **Semi** | Frø |
| **Vitello** | Kalv |

## Fattoria #2
### Bondegård #2

| | |
|---|---|
| **Agnello** | Lam |
| **Agricoltore** | Landmand |
| **Alveare** | Bikube |
| **Anatra** | And |
| **Animali** | Dyr |
| **Cibo** | Mad |
| **Fienile** | Lade |
| **Frutta** | Frugt |
| **Frutteto** | Frugthave |
| **Grano** | Hvede |
| **Irrigazione** | Kunstvanding |
| **Lama** | Lama |
| **Latte** | Mælk |
| **Mais** | Majs |
| **Oche** | Gæs |
| **Orzo** | Byg |
| **Pastore** | Hyrde |
| **Pecora** | Får |
| **Prato** | Eng |
| **Trattore** | Traktor |

## Fiori
### Blomster

| | |
|---|---|
| **Gardenia** | Gardenia |
| **Gelsomino** | Jasmin |
| **Giglio** | Lilje |
| **Girasole** | Solsikke |
| **Ibisco** | Hibiscus |
| **Lavanda** | Lavendel |
| **Lilla** | Lilla |
| **Magnolia** | Magnolia |
| **Margherita** | Daisy |
| **Mazzo** | Buket |
| **Narciso** | Påskelilje |
| **Orchidea** | Orkide |
| **Papavero** | Valmue |
| **Passiflora** | Passionflower |
| **Peonia** | Pæon |
| **Petalo** | Kronblad |
| **Plumeria** | Plumeria |
| **Rosa** | Rose |
| **Trifoglio** | Kløver |
| **Tulipano** | Tulipan |

## Foresta Pluviale
### Regnskov

| | |
|---|---|
| **Botanico** | Botanisk |
| **Clima** | Klima |
| **Comunità** | Fællesskab |
| **Diversità** | Mangfoldighed |
| **Giungla** | Jungle |
| **Insetti** | Insekter |
| **Mammiferi** | Pattedyr |
| **Muschio** | Mos |
| **Natura** | Natur |
| **Nuvole** | Skyer |
| **Preservazione** | Bevarelse |
| **Prezioso** | Værdifuld |
| **Restauro** | Restaurering |
| **Rifugio** | Tilflugt |
| **Rispetto** | Respekt |
| **Sopravvivenza** | Overlevelse |
| **Specie** | Art |
| **Uccelli** | Fugle |

## Forme
### Former

| | |
|---|---|
| **Angolo** | Hjørne |
| **Arco** | Bue |
| **Bordi** | Kanter |
| **Cerchio** | Cirkel |
| **Cilindro** | Cylinder |
| **Cono** | Kegle |
| **Cubo** | Terning |
| **Curva** | Kurve |
| **Ellisse** | Ellipse |
| **Iperbole** | Hyperbola |
| **Lato** | Side |
| **Linea** | Linje |
| **Ovale** | Oval |
| **Piramide** | Pyramide |
| **Poligono** | Polygon |
| **Prisma** | Prisme |
| **Quadrato** | Firkant |
| **Rettangolo** | Rektangel |
| **Sfera** | Sfære |
| **Triangolo** | Trekant |

## Forniture Artistiche
### Kunst Forsyninger

| | |
|---|---|
| **Acqua** | Vand |
| **Acquerelli** | Akvareller |
| **Acrilico** | Akryl |
| **Argilla** | Ler |
| **Carbone** | Trækul |
| **Carta** | Papir |
| **Cavalletto** | Staffeli |
| **Colla** | Lim |
| **Colori** | Farver |
| **Creatività** | Kreativitet |
| **Gomma** | Viskelæder |
| **Idee** | Ideer |
| **Inchiostro** | Blæk |
| **Matite** | Blyanter |
| **Olio** | Olie |
| **Pastelli** | Pasteller |
| **Sedia** | Stol |
| **Spazzole** | Børster |
| **Tavolo** | Tabel |
| **Telecamera** | Kamera |

## Frutta
### Frugt

| | |
|---|---|
| **Albicocca** | Abrikos |
| **Ananas** | Ananas |
| **Arancia** | Orange |
| **Avocado** | Avocado |
| **Bacca** | Bær |
| **Banana** | Banan |
| **Ciliegia** | Kirsebær |
| **Kiwi** | Kiwi |
| **Lampone** | Hindbær |
| **Limone** | Citron |
| **Mango** | Mango |
| **Mela** | Æble |
| **Melone** | Melon |
| **Mora** | Brombær |
| **Nettarina** | Nektarin |
| **Papaia** | Papaya |
| **Pera** | Pære |
| **Pesca** | Fersken |
| **Prugna** | Blomme |
| **Uva** | Drue |

## Gatti
### Katte

| | |
|---|---|
| **Affettuoso** | Kærlig |
| **Artiglio** | Klo |
| **Cacciatore** | Jæger |
| **Coda** | Hale |
| **Curioso** | Nysgerrig |
| **Divertente** | Sjov |
| **Dormire** | Sove |
| **Filo** | Garn |
| **Giocoso** | Legende |
| **Indipendente** | Uafhængig |
| **Pazzo** | Skør |
| **Pelliccia** | Pels |
| **Personalità** | Personlighed |
| **Poco** | Lille |
| **Selvaggio** | Vild |
| **Timido** | Genert |
| **Topo** | Mus |
| **Veloce** | Hurtig |
| **Zampa** | Pote |

## Geografia
### Geografi

| | |
|---|---|
| **Altitudine** | Højde |
| **Atlante** | Atlas |
| **Città** | By |
| **Continente** | Kontinent |
| **Emisfero** | Halvkugle |
| **Fiume** | Flod |
| **Isola** | Ø |
| **Latitudine** | Breddegrad |
| **Longitudine** | Længde |
| **Mappa** | Kort |
| **Mare** | Hav |
| **Meridiano** | Meridian |
| **Mondo** | Verden |
| **Montagna** | Bjerg |
| **Nord** | Nord |
| **Ovest** | Vest |
| **Paese** | Land |
| **Regione** | Region |
| **Sud** | Syd |
| **Territorio** | Territorium |

## Geologia
### Geologi

| | |
|---|---|
| **Acido** | Syre |
| **Altopiano** | Plateau |
| **Calcio** | Calcium |
| **Caverna** | Hule |
| **Continente** | Kontinent |
| **Corallo** | Koral |
| **Cristalli** | Krystaller |
| **Erosione** | Erosion |
| **Fossile** | Fossil |
| **Geyser** | Gejser |
| **Lava** | Lava |
| **Minerali** | Mineraler |
| **Pietra** | Sten |
| **Quarzo** | Kvarts |
| **Sale** | Salt |
| **Stalagmiti** | Stalagmitter |
| **Stalattite** | Stalaktit |
| **Strato** | Lag |
| **Terremoto** | Jordskælv |
| **Vulcano** | Vulkan |

## Giardino
### Have

| | |
|---|---|
| **Albero** | Træ |
| **Amaca** | Hængekøje |
| **Cespuglio** | Busk |
| **Erba** | Græs |
| **Erbacce** | Ukrudt |
| **Fiore** | Blomst |
| **Frutteto** | Frugthave |
| **Garage** | Garage |
| **Giardino** | Have |
| **Pala** | Skovl |
| **Panca** | Bænk |
| **Prato** | Græsplæne |
| **Rastrello** | Rive |
| **Recinto** | Hegn |
| **Stagno** | Dam |
| **Suolo** | Jord |
| **Terrazza** | Terrasse |
| **Trampolino** | Trampolin |
| **Tubo** | Slange |
| **Vite** | Vinstok |

## Giocattoli
### Legetøj

| | |
|---|---|
| **Aereo** | Fly |
| **Aquilone** | Drage |
| **Argilla** | Ler |
| **Artigianato** | Håndværk |
| **Auto** | Bil |
| **Bambola** | Dukke |
| **Barca** | Båd |
| **Batteria** | Trommer |
| **Bicicletta** | Cykel |
| **Camion** | Lastbil |
| **Giochi** | Spil |
| **Immaginazione** | Fantasi |
| **Libri** | Bøger |
| **Palla** | Bold |
| **Preferito** | Favorit |
| **Puzzle** | Puslespil |
| **Robot** | Robot |
| **Scacchi** | Skak |
| **Treno** | Tog |
| **Vernici** | Maler |

## Giorni e Mesi
### Dage og Måneder

| | |
|---|---|
| **Agosto** | August |
| **Anno** | År |
| **Aprile** | April |
| **Calendario** | Kalender |
| **Dicembre** | December |
| **Domenica** | Søndag |
| **Febbraio** | Februar |
| **Gennaio** | Januar |
| **Giugno** | Juni |
| **Luglio** | Juli |
| **Lunedì** | Mandag |
| **Martedì** | Tirsdag |
| **Mercoledì** | Onsdag |
| **Mese** | Måned |
| **Novembre** | November |
| **Ottobre** | Oktober |
| **Sabato** | Lørdag |
| **Settembre** | September |
| **Settimana** | Uge |
| **Venerdì** | Fredag |

## Guida
### Kørsel

| | |
|---|---|
| **Auto** | Bil |
| **Autobus** | Bus |
| **Carburante** | Brændstof |
| **Freni** | Bremser |
| **Garage** | Garage |
| **Gas** | Gas |
| **Incidente** | Ulykke |
| **Licenza** | Licens |
| **Mappa** | Kort |
| **Moto** | Motorcykel |
| **Motore** | Motor |
| **Pedonale** | Fodgænger |
| **Pericolo** | Fare |
| **Polizia** | Politi |
| **Sicurezza** | Sikkerhed |
| **Strada** | Vej |
| **Traffico** | Trafik |
| **Trasporto** | Transport |
| **Tunnel** | Tunnel |
| **Velocità** | Hastighed |

## Imbarcazioni
### Både

| | |
|---|---|
| **Albero** | Mast |
| **Ancora** | Anker |
| **Barca a Vela** | Sejlbåd |
| **Boa** | Bøje |
| **Canoa** | Kano |
| **Corda** | Reb |
| **Equipaggio** | Mandskab |
| **Fiume** | Flod |
| **Kayak** | Kajak |
| **Lago** | Sø |
| **Mare** | Hav |
| **Marea** | Tidevand |
| **Marinaio** | Sømand |
| **Motore** | Motor |
| **Nautico** | Nautisk |
| **Oceano** | Ocean |
| **Onde** | Bølger |
| **Traghetto** | Færge |
| **Yacht** | Yacht |
| **Zattera** | Tømmerflåde |

## Insetti
### Insekter

| | |
|---|---|
| **Afide** | Bladlus |
| **Ape** | Bi |
| **Calabrone** | Hornet |
| **Cavalletta** | Græshoppe |
| **Cicala** | Cicada |
| **Coccinella** | Mariehøne |
| **Coleottero** | Bille |
| **Falena** | Møl |
| **Farfalla** | Sommerfugl |
| **Formica** | Myre |
| **Larva** | Larve |
| **Libellula** | Guldsmed |
| **Mantide** | Mantis |
| **Pulce** | Loppe |
| **Scarafaggio** | Kakerlak |
| **Termite** | Termit |
| **Verme** | Orm |
| **Vespa** | Hveps |
| **Zanzara** | Myg |

## Letteratura
### Litteratur

| | |
|---|---|
| **Analisi** | Analyse |
| **Analogia** | Analogi |
| **Aneddoto** | Anekdote |
| **Autore** | Forfatter |
| **Biografia** | Biografi |
| **Conclusione** | Konklusion |
| **Confronto** | Sammenligning |
| **Descrizione** | Beskrivelse |
| **Dialogo** | Dialog |
| **Genere** | Genre |
| **Metafora** | Metafor |
| **Opinione** | Mening |
| **Poesia** | Digt |
| **Poetico** | Poetisk |
| **Rima** | Rim |
| **Ritmo** | Rytme |
| **Romanzo** | Roman |
| **Stile** | Stil |
| **Tema** | Tema |
| **Tragedia** | Tragedie |

## Libri
### Bøger

| | |
|---|---|
| **Autore** | Forfatter |
| **Avventura** | Eventyr |
| **Collezione** | Samling |
| **Contesto** | Kontekst |
| **Dualità** | Dualitet |
| **Epico** | Episk |
| **Inventivo** | Opfindsom |
| **Letterario** | Litterær |
| **Lettore** | Læser |
| **Narratore** | Fortæller |
| **Pagina** | Side |
| **Poesia** | Poesi |
| **Rilevante** | Relevant |
| **Romanzo** | Roman |
| **Scritto** | Skrivet |
| **Serie** | Serie |
| **Storia** | Historie |
| **Storico** | Historisk |
| **Tragico** | Tragisk |
| **Umoristico** | Humoristisk |

## Mammiferi
### Pattedyr

| | |
|---|---|
| **Balena** | Hval |
| **Cane** | Hund |
| **Canguro** | Kænguru |
| **Cavallo** | Hest |
| **Cervo** | Hjort |
| **Coniglio** | Kanin |
| **Coyote** | Prærieulv |
| **Delfino** | Delfin |
| **Elefante** | Elefant |
| **Gatto** | Kat |
| **Giraffa** | Giraf |
| **Gorilla** | Gorilla |
| **Leone** | Løve |
| **Lupo** | Ulv |
| **Orso** | Bære |
| **Pecora** | Får |
| **Scimmia** | Abe |
| **Toro** | Tyr |
| **Volpe** | Ræv |
| **Zebra** | Zebra |

## Matematica
### Matematik

| | |
|---|---|
| **Angoli** | Vinkler |
| **Aritmetica** | Aritmetik |
| **Circonferenza** | Omkreds |
| **Decimale** | Decimal |
| **Diametro** | Diameter |
| **Divisione** | Division |
| **Equazione** | Ligning |
| **Esponente** | Eksponent |
| **Frazione** | Brøk |
| **Geometria** | Geometri |
| **Parallelo** | Parallel |
| **Parallelogramma** | Parallelogram |
| **Poligono** | Polygon |
| **Quadrato** | Firkant |
| **Raggio** | Radius |
| **Rettangolo** | Rektangel |
| **Sfera** | Sfære |
| **Simmetria** | Symmetri |
| **Somma** | Sum |
| **Triangolo** | Trekant |

## Meditazione
### Meditation

| | |
|---|---|
| **Abitudini** | Vaner |
| **Accettazione** | Accept |
| **Attenzione** | Opmærksomhed |
| **Calma** | Rolig |
| **Chiarezza** | Klarhed |
| **Compassione** | Medfølelse |
| **Emozioni** | Følelser |
| **Felicità** | Lykke |
| **Gentilezza** | Venlighed |
| **Mentale** | Mental |
| **Mente** | Sind |
| **Movimento** | Bevægelse |
| **Musica** | Musik |
| **Natura** | Natur |
| **Osservazione** | Observation |
| **Pace** | Fred |
| **Pensieri** | Tanker |
| **Prospettiva** | Perspektiv |
| **Respirazione** | Vejrtrækning |
| **Silenzio** | Stilhed |

## Meteo
### Vejret

| | |
|---|---|
| **Arcobaleno** | Regnbue |
| **Asciutto** | Tør |
| **Atmosfera** | Atmosfære |
| **Brezza** | Brise |
| **Cielo** | Himmel |
| **Clima** | Klima |
| **Fulmine** | Lyn |
| **Ghiaccio** | Is |
| **Monsone** | Monsun |
| **Nebbia** | Tåge |
| **Nube** | Sky |
| **Polare** | Polar |
| **Siccità** | Tørke |
| **Temperatura** | Temperatur |
| **Tempesta** | Storm |
| **Tornado** | Tornado |
| **Tropicale** | Tropisk |
| **Tuono** | Torden |
| **Uragano** | Orkan |
| **Vento** | Vind |

## Misurazioni
### Målinger

| | |
|---|---|
| **Altezza** | Højde |
| **Byte** | Byte |
| **Centimetro** | Centimeter |
| **Chilogrammo** | Kilogram |
| **Chilometro** | Kilometer |
| **Decimale** | Decimal |
| **Grado** | Grad |
| **Grammo** | Gram |
| **Larghezza** | Bredde |
| **Litro** | Liter |
| **Lunghezza** | Længde |
| **Massa** | Masse |
| **Metro** | Meter |
| **Minuto** | Minut |
| **Oncia** | Ounce |
| **Peso** | Vægt |
| **Pinta** | Pint |
| **Pollice** | Tomme |
| **Profondità** | Dybde |
| **Tonnellata** | Ton |

## Mitologia
### Mytologi

| | |
|---|---|
| **Archetipo** | Arketype |
| **Comportamento** | Adfærd |
| **Creatura** | Væsen |
| **Creazione** | Skabelse |
| **Cultura** | Kultur |
| **Disastro** | Katastrofe |
| **Divinità** | Guder |
| **Eroe** | Helt |
| **Forza** | Styrke |
| **Fulmine** | Lyn |
| **Gelosia** | Jalousi |
| **Guerriero** | Kriger |
| **Immortalità** | Udødelighed |
| **Labirinto** | Labyrint |
| **Leggenda** | Sagn |
| **Magico** | Magisk |
| **Mortale** | Dødelig |
| **Mostro** | Uhyre |
| **Tuono** | Torden |
| **Vendetta** | Hævn |

## Mobili
### Møbler

| | |
|---|---|
| **Amaca** | Hængekøje |
| **Armoire** | Armoire |
| **Cuscini** | Puder |
| **Cuscino** | Pude |
| **Divano** | Sofa |
| **Futon** | Futon |
| **Lampada** | Lampe |
| **Letto** | Seng |
| **Libreria** | Reol |
| **Materasso** | Madras |
| **Panca** | Bænk |
| **Poltrona** | Lænestol |
| **Scaffali** | Hylder |
| **Scrivania** | Skrivebord |
| **Sedia** | Stol |
| **Specchio** | Spejl |
| **Tappeto** | Tæppe |
| **Tende** | Gardiner |

## Natura
### Natur

| | |
|---|---|
| **Animali** | Dyr |
| **Api** | Bier |
| **Artico** | Arktisk |
| **Bellezza** | Skønhed |
| **Deserto** | Ørken |
| **Dinamico** | Dynamisk |
| **Erosione** | Erosion |
| **Fiume** | Flod |
| **Fogliame** | Løv |
| **Foresta** | Skov |
| **Ghiacciaio** | Gletsjer |
| **Montagne** | Bjerge |
| **Nebbia** | Tåge |
| **Nuvole** | Skyer |
| **Selvaggio** | Vild |
| **Sereno** | Fredfyldte |
| **Tropicale** | Tropisk |
| **Vitale** | Afgørende |

## Numeri
### Tal

| | |
|---|---|
| **Cinque** | Fem |
| **Decimale** | Decimal |
| **Diciannove** | Nitten |
| **Diciassette** | Sytten |
| **Diciotto** | Atten |
| **Dieci** | Ti |
| **Dodici** | Tolv |
| **Due** | To |
| **Nove** | Ni |
| **Otto** | Otte |
| **Quattordici** | Fjorten |
| **Quattro** | Fire |
| **Quindici** | Femten |
| **Sedici** | Seksten |
| **Sei** | Seks |
| **Sette** | Syv |
| **Tre** | Tre |
| **Tredici** | Tretten |
| **Venti** | Tyve |
| **Zero** | Nul |

## Nutrizione
### Ernæring

| | |
|---|---|
| **Amaro** | Bitter |
| **Appetito** | Appetit |
| **Bilanciato** | Afbalanceret |
| **Calorie** | Kalorier |
| **Carboidrati** | Kulhydrater |
| **Commestibile** | Spiselig |
| **Dieta** | Kost |
| **Digestione** | Fordøjelse |
| **Fermentazione** | Gæring |
| **Liquidi** | Væsker |
| **Nutriente** | Næringsstof |
| **Peso** | Vægt |
| **Proteine** | Proteiner |
| **Qualità** | Kvalitet |
| **Salsa** | Sauce |
| **Salute** | Sundhed |
| **Sano** | Sund |
| **Spezie** | Krydderier |
| **Tossina** | Toksin |
| **Vitamina** | Vitamin |

## Oceano
### Ocean

| | |
|---|---|
| **Anguilla** | Ål |
| **Balena** | Hval |
| **Barca** | Båd |
| **Corallo** | Koral |
| **Delfino** | Delfin |
| **Gamberetto** | Reje |
| **Granchio** | Krabbe |
| **Maree** | Tidevand |
| **Medusa** | Vandmand |
| **Onde** | Bølger |
| **Ostrica** | Østers |
| **Pesce** | Fisk |
| **Polpo** | Blæksprutte |
| **Sale** | Salt |
| **Scogliera** | Rev |
| **Spugna** | Svamp |
| **Squalo** | Haj |
| **Tartaruga** | Skildpadde |
| **Tempesta** | Storm |
| **Tonno** | Tun |

## Paesaggi
### Landskaber

| | |
|---|---|
| **Cascata** | Vandfald |
| **Collina** | Bakke |
| **Deserto** | Ørken |
| **Fiume** | Flod |
| **Geyser** | Gejser |
| **Ghiacciaio** | Gletsjer |
| **Grotta** | Hule |
| **Iceberg** | Isbjerg |
| **Isola** | Ø |
| **Lago** | Sø |
| **Mare** | Hav |
| **Montagna** | Bjerg |
| **Oasi** | Oase |
| **Oceano** | Ocean |
| **Palude** | Sump |
| **Penisola** | Halvø |
| **Spiaggia** | Strand |
| **Tundra** | Tundra |
| **Valle** | Dal |
| **Vulcano** | Vulkan |

## Paesi #2
### Lande #2

| | |
|---|---|
| **Albania** | Albanien |
| **Danimarca** | Danmark |
| **Etiopia** | Etiopien |
| **Giamaica** | Jamaica |
| **Giappone** | Japan |
| **Grecia** | Grækenland |
| **Haiti** | Haiti |
| **Indonesia** | Indonesien |
| **Irlanda** | Irland |
| **Laos** | Laos |
| **Liberia** | Liberia |
| **Messico** | Mexico |
| **Nepal** | Nepal |
| **Nigeria** | Nigeria |
| **Pakistan** | Pakistan |
| **Russia** | Rusland |
| **Siria** | Syrien |
| **Sudan** | Sudan |
| **Ucraina** | Ukraine |
| **Uganda** | Uganda |

## Pesca
### Fiskeri

| | |
|---|---|
| **Acqua** | Vand |
| **Attrezzatura** | Udstyr |
| **Barca** | Båd |
| **Branchie** | Gæller |
| **Cesto** | Kurv |
| **Esagerazione** | Overdrivelse |
| **Esca** | Lokkemad |
| **Filo** | Tråd |
| **Fiume** | Flod |
| **Gancio** | Krog |
| **Lago** | Sø |
| **Mascella** | Kæbe |
| **Oceano** | Ocean |
| **Pazienza** | Tålmodighed |
| **Peso** | Vægt |
| **Pinne** | Finner |
| **Spiaggia** | Strand |
| **Stagione** | Sæson |

## Piante
### Planter

| | |
|---|---|
| **Albero** | Træ |
| **Bacca** | Bær |
| **Bambù** | Bambus |
| **Botanica** | Botanik |
| **Cactus** | Kaktus |
| **Cespuglio** | Busk |
| **Crescere** | Vokse |
| **Edera** | Vedbend |
| **Erba** | Græs |
| **Fagiolo** | Bønne |
| **Fertilizzante** | Gødning |
| **Fiore** | Blomst |
| **Flora** | Flora |
| **Fogliame** | Løv |
| **Foresta** | Skov |
| **Giardino** | Have |
| **Muschio** | Mos |
| **Petalo** | Kronblad |
| **Radice** | Rod |
| **Vegetazione** | Vegetation |

## Pirati
### Pirater

| | |
|---|---|
| **Ancora** | Anker |
| **Avventura** | Eventyr |
| **Bandiera** | Flag |
| **Bussola** | Kompas |
| **Capitano** | Kaptajn |
| **Cattivo** | Dårlig |
| **Cicatrice** | Ar |
| **Equipaggio** | Mandskab |
| **Grotta** | Hule |
| **Isola** | Ø |
| **Leggenda** | Sagn |
| **Mappa** | Kort |
| **Monete** | Mønter |
| **Oro** | Guld |
| **Pappagallo** | Papegøje |
| **Pericolo** | Fare |
| **Rum** | Rom |
| **Spada** | Sværd |
| **Spiaggia** | Strand |
| **Tesoro** | Skat |

## Professioni #1
### Erhverv #1

| | |
|---|---|
| **Allenatore** | Træner |
| **Ambasciatore** | Ambassadør |
| **Artista** | Kunstner |
| **Astronomo** | Astronom |
| **Avvocato** | Advokat |
| **Ballerino** | Danser |
| **Banchiere** | Bankmand |
| **Cacciatore** | Jæger |
| **Cartografo** | Kartograf |
| **Editore** | Redaktør |
| **Farmacista** | Farmaceut |
| **Geologo** | Geolog |
| **Gioielliere** | Guldsmed |
| **Idraulico** | Blikkenslager |
| **Infermiera** | Sygeplejerske |
| **Marinaio** | Sømand |
| **Musicista** | Musiker |
| **Pianista** | Pianist |
| **Psicologo** | Psykolog |
| **Veterinario** | Dyrlæge |

## Professioni #2
### Erhverv #2

| | |
|---|---|
| **Astronauta** | Astronaut |
| **Bibliotecario** | Bibliotekar |
| **Biologo** | Biolog |
| **Chirurgo** | Kirurg |
| **Dentista** | Tandlæge |
| **Filosofo** | Filosof |
| **Fotografo** | Fotograf |
| **Giardiniere** | Gartner |
| **Giornalista** | Journalist |
| **Illustratore** | Illustrator |
| **Ingegnere** | Ingeniør |
| **Insegnante** | Lærer |
| **Inventore** | Opfinder |
| **Investigatore** | Investigator |
| **Linguista** | Lingvist |
| **Medico** | Læge |
| **Pilota** | Pilot |
| **Pittore** | Maler |
| **Ricercatore** | Forsker |
| **Zoologo** | Zoolog |

## Riempire
For at Udfylde

| | |
|---|---|
| **Bacino** | Bassin |
| **Barile** | Tønde |
| **Borsa** | Taske |
| **Bottiglia** | Flaske |
| **Busta** | Kuvert |
| **Cartella** | Folder |
| **Cartone** | Karton |
| **Cassa** | Kasse |
| **Cassetto** | Skuffe |
| **Cesto** | Kurv |
| **Pacchetto** | Pakke |
| **Scatola** | Boks |
| **Secchio** | Spand |
| **Tasca** | Lomme |
| **Tubo** | Rør |
| **Valigia** | Kuffert |
| **Vaso** | Vase |
| **Vassoio** | Bakke |

## Ristorante #1
Restaurant #1

| | |
|---|---|
| **Allergia** | Allergi |
| **Caffè** | Kaffe |
| **Cameriera** | Servitrice |
| **Carne** | Kød |
| **Cassiere** | Kasserer |
| **Cibo** | Mad |
| **Ciotola** | Skål |
| **Coltello** | Kniv |
| **Cucina** | Køkken |
| **Dessert** | Dessert |
| **Ingredienti** | Ingredienser |
| **Menù** | Menu |
| **Pane** | Brød |
| **Piatto** | Plade |
| **Piccante** | Krydret |
| **Pollo** | Kylling |
| **Prenotazione** | Reservation |
| **Salsa** | Sauce |
| **Tovagliolo** | Serviet |

## Ristorante #2
Restaurant #2

| | |
|---|---|
| **Acqua** | Vand |
| **Bevanda** | Drik |
| **Cameriere** | Tjeneren |
| **Cena** | Middag |
| **Cucchiaio** | Ske |
| **Delizioso** | Lækker |
| **Forchetta** | Gaffel |
| **Frutta** | Frugt |
| **Ghiaccio** | Is |
| **Insalata** | Salat |
| **Minestra** | Suppe |
| **Pesce** | Fisk |
| **Pranzo** | Frokost |
| **Sale** | Salt |
| **Sedia** | Stol |
| **Spezie** | Krydderier |
| **Torta** | Kage |
| **Uova** | Æg |
| **Verdure** | Grøntsager |

## Scacchi
Skak

| | |
|---|---|
| **Avversario** | Modstander |
| **Bianco** | Hvid |
| **Campione** | Champion |
| **Concorso** | Konkurrence |
| **Diagonale** | Diagonal |
| **Giocatore** | Spiller |
| **Gioco** | Spil |
| **Nero** | Sort |
| **Passivo** | Passiv |
| **Re** | Konge |
| **Regina** | Dronning |
| **Regole** | Regler |
| **Sacrificio** | Ofre |
| **Sfide** | Udfordringer |
| **Strategia** | Strategi |
| **Tempo** | Tid |
| **Torneo** | Turnering |

## Scienza
Videnskab

| | |
|---|---|
| **Atomo** | Atom |
| **Chimico** | Kemisk |
| **Clima** | Klima |
| **Dati** | Data |
| **Esperimento** | Eksperiment |
| **Evoluzione** | Udvikling |
| **Fatto** | Faktum |
| **Fisica** | Fysik |
| **Fossile** | Fossil |
| **Gravità** | Tyngdekraft |
| **Ipotesi** | Hypotese |
| **Laboratorio** | Laboratorium |
| **Metodo** | Metode |
| **Minerali** | Mineraler |
| **Molecole** | Molekyler |
| **Natura** | Natur |
| **Organismo** | Organisme |
| **Osservazione** | Observation |
| **Particelle** | Partikler |
| **Piante** | Planter |

## Scuola #1
Skole #1

| | |
|---|---|
| **Alfabeto** | Alfabet |
| **Amici** | Venner |
| **Aula** | Klasseværelse |
| **Biblioteca** | Bibliotek |
| **Carta** | Papir |
| **Cartelle** | Mapper |
| **Divertimento** | Sjov |
| **Esami** | Eksamen |
| **Insegnante** | Lærer |
| **Libri** | Bøger |
| **Matematica** | Matematik |
| **Matita** | Blyant |
| **Penne** | Penne |
| **Pranzo** | Frokost |
| **Quiz** | Quiz |
| **Risposte** | Svar |
| **Scrivania** | Skrivebord |
| **Sedia** | Stol |

## Scuola #2
### Skole #2

| | |
|---|---|
| **Accademico** | Akademisk |
| **Autobus** | Bus |
| **Biblioteca** | Bibliotek |
| **Calendario** | Kalender |
| **Carta** | Papir |
| **Computer** | Computer |
| **Dizionario** | Ordbog |
| **Educazione** | Uddannelse |
| **Forbici** | Saks |
| **Giochi** | Spil |
| **Grammatica** | Grammatik |
| **Insegnante** | Lærer |
| **Letteratura** | Litteratur |
| **Lettura** | Læsning |
| **Libri** | Bøger |
| **Matematica** | Matematik |
| **Matita** | Blyant |
| **Scarpe** | Sko |
| **Scienza** | Videnskab |
| **Zaino** | Rygsæk |

## Spezie
### Krydderier

| | |
|---|---|
| **Aglio** | Hvidløg |
| **Amaro** | Bitter |
| **Anice** | Anis |
| **Cannella** | Kanel |
| **Cardamomo** | Kardemomme |
| **Cipolla** | Løg |
| **Coriandolo** | Koriander |
| **Cumino** | Spidskommen |
| **Curcuma** | Gurkemeje |
| **Curry** | Karry |
| **Dolce** | Sød |
| **Finocchio** | Fennikel |
| **Liquirizia** | Lakrids |
| **Noce Moscata** | Muskatnød |
| **Paprika** | Paprika |
| **Pepe** | Peber |
| **Sale** | Salt |
| **Vaniglia** | Vanilje |
| **Zafferano** | Saffron |
| **Zenzero** | Ingefær |

## Spiaggia
### Strand

| | |
|---|---|
| **Asciugamano** | Håndklæde |
| **Barca** | Båd |
| **Barca a Vela** | Sejlbåd |
| **Blu** | Blå |
| **Costa** | Kyst |
| **Dock** | Dock |
| **Granchio** | Krabbe |
| **Isola** | Ø |
| **Laguna** | Lagune |
| **Mare** | Hav |
| **Oceano** | Ocean |
| **Ombrello** | Paraply |
| **Sabbia** | Sand |
| **Sandali** | Sandaler |
| **Scogliera** | Rev |
| **Sole** | Sol |
| **Vacanza** | Ferie |

## Sport
### Sport

| | |
|---|---|
| **Allenatore** | Træner |
| **Arbitro** | Dommer |
| **Atleta** | Atlet |
| **Baseball** | Baseball |
| **Basket** | Basketball |
| **Bicicletta** | Cykel |
| **Campionato** | Mesterskab |
| **Ginnastica** | Gymnastik |
| **Giocatore** | Spiller |
| **Gioco** | Spil |
| **Golf** | Golf |
| **Hockey** | Hockey |
| **Movimento** | Bevægelse |
| **Palestra** | Gymnasium |
| **Squadra** | Hold |
| **Stadio** | Stadion |
| **Tennis** | Tennis |
| **Vincitore** | Vinder |

## Strumenti Musicali
### Musikinstrumenter

| | |
|---|---|
| **Armonica** | Harmonika |
| **Arpa** | Harpe |
| **Banjo** | Banjo |
| **Chitarra** | Guitar |
| **Clarinetto** | Klarinet |
| **Fagotto** | Fagot |
| **Flauto** | Fløjte |
| **Gong** | Gong |
| **Mandolino** | Mandolin |
| **Marimba** | Marimba |
| **Oboe** | Obo |
| **Percussione** | Perkussion |
| **Pianoforte** | Klaver |
| **Sassofono** | Saxofon |
| **Tamburello** | Tamburin |
| **Tamburo** | Tromme |
| **Tromba** | Trompet |
| **Trombone** | Basun |
| **Violino** | Violin |
| **Violoncello** | Cello |

## Strumenti di Cottura
### Madlavningsværktøjer

| | |
|---|---|
| **Bollitore** | Kedel |
| **Colino** | Dørslag |
| **Coltello** | Kniv |
| **Coperchio** | Låg |
| **Cucchiaio** | Ske |
| **Filtro** | Si |
| **Forbici** | Saks |
| **Forchetta** | Gaffel |
| **Forno** | Ovn |
| **Frigorifero** | Køleskab |
| **Frullatore** | Blender |
| **Grattugia** | Rivejern |
| **Posate** | Bestik |
| **Spatola** | Spatel |
| **Spremiagrumi** | Juicer |
| **Stufa** | Komfur |
| **Termometro** | Termometer |
| **Tostapane** | Brødrister |

## Surf
### Surfing

| | |
|---|---|
| **Atleta** | Atlet |
| **Campione** | Champion |
| **Divertimento** | Sjov |
| **Estremo** | Ekstrem |
| **Forza** | Styrke |
| **Meteo** | Vejr |
| **Oceano** | Ocean |
| **Onda** | Bølge |
| **Pagaia** | Padle |
| **Popolare** | Populær |
| **Principiante** | Begynder |
| **Schiuma** | Skum |
| **Scogliera** | Rev |
| **Spiaggia** | Strand |
| **Spray** | Spray |
| **Stile** | Stil |
| **Stomaco** | Mave |
| **Velocità** | Hastighed |

## Tecnologia
### Teknologi

| | |
|---|---|
| **Blog** | Blog |
| **Browser** | Browser |
| **Byte** | Bytes |
| **Computer** | Computer |
| **Cursore** | Markør |
| **Dati** | Data |
| **Digitale** | Digital |
| **File** | Fil |
| **Font** | Font |
| **Internet** | Internet |
| **Messaggio** | Besked |
| **Ricerca** | Forskning |
| **Schermo** | Skærm |
| **Sicurezza** | Sikkerhed |
| **Software** | Software |
| **Statistiche** | Statistik |
| **Telecamera** | Kamera |
| **Virtuale** | Virtuel |
| **Virus** | Virus |

## Tempo
### Tid

| | |
|---|---|
| **Anno** | År |
| **Annuale** | Årlig |
| **Calendario** | Kalender |
| **Decennio** | Årti |
| **Dopo** | Efter |
| **Futuro** | Fremtid |
| **Giorno** | Dag |
| **Ieri** | I Går |
| **Mattina** | Morgen |
| **Mese** | Måned |
| **Mezzogiorno** | Middag |
| **Minuto** | Minut |
| **Notte** | Nat |
| **Oggi** | I Dag |
| **Ora** | Time |
| **Orologio** | Ur |
| **Presto** | Snart |
| **Prima** | Før |
| **Secolo** | Århundrede |
| **Settimana** | Uge |

## Tipi di Capelli
### Hår Typer

| | |
|---|---|
| **Argento** | Sølv |
| **Asciutto** | Tør |
| **Bianco** | Hvid |
| **Biondo** | Blond |
| **Breve** | Kort |
| **Calvo** | Skaldet |
| **Colorato** | Farvet |
| **Grigio** | Grå |
| **Intrecciato** | Flettet |
| **Liscio** | Glat |
| **Lungo** | Lang |
| **Marrone** | Brun |
| **Morbido** | Blød |
| **Nero** | Sort |
| **Riccio** | Krøllet |
| **Riccioli** | Krøller |
| **Sano** | Sund |
| **Sottile** | Tynd |
| **Spessore** | Tyk |
| **Trecce** | Fletninger |

## Uccelli
### Fugle

| | |
|---|---|
| **Airone** | Hejre |
| **Anatra** | And |
| **Aquila** | Ørn |
| **Cicogna** | Stork |
| **Cigno** | Svane |
| **Cuculo** | Gøg |
| **Falco** | Høg |
| **Fenicottero** | Flamingo |
| **Gabbiano** | Måge |
| **Oca** | Gås |
| **Pappagallo** | Papegøje |
| **Passero** | Spurv |
| **Pavone** | Påfugl |
| **Pellicano** | Pelikan |
| **Piccione** | Due |
| **Pinguino** | Pingvin |
| **Pollo** | Kylling |
| **Struzzo** | Struds |
| **Tucano** | Toucan |
| **Uovo** | Æg |

## Vacanze #2
### Ferie #2

| | |
|---|---|
| **Aeroporto** | Lufthavn |
| **Campeggio** | Camping |
| **Destinazione** | Destination |
| **Foto** | Billeder |
| **Hotel** | Hotel |
| **Isola** | Ø |
| **Mappa** | Kort |
| **Mare** | Hav |
| **Passaporto** | Pas |
| **Ristorante** | Restaurant |
| **Spiaggia** | Strand |
| **Straniero** | Udlænding |
| **Taxi** | Taxa |
| **Tempo Libero** | Fritid |
| **Tenda** | Telt |
| **Trasporto** | Transport |
| **Treno** | Tog |
| **Vacanza** | Ferie |
| **Viaggio** | Rejse |
| **Visto** | Visum |

## *Veicoli*
### Køretøjer

| | |
|---|---|
| **Aereo** | Fly |
| **Ambulanza** | Ambulance |
| **Auto** | Bil |
| **Autobus** | Bus |
| **Barca** | Båd |
| **Bicicletta** | Cykel |
| **Camion** | Lastbil |
| **Caravan** | Campingvogn |
| **Elicottero** | Helikopter |
| **Motore** | Motor |
| **Navetta** | Shuttle |
| **Pneumatici** | Dæk |
| **Razzo** | Raket |
| **Scooter** | Scooter |
| **Sottomarino** | Ubåd |
| **Taxi** | Taxa |
| **Traghetto** | Færge |
| **Trattore** | Traktor |
| **Treno** | Tog |
| **Zattera** | Tømmerflåde |

## *Verdure*
### Grøntsager

| | |
|---|---|
| **Aglio** | Hvidløg |
| **Broccolo** | Broccoli |
| **Carciofo** | Artiskok |
| **Carota** | Gulerod |
| **Cetriolo** | Agurk |
| **Cipolla** | Løg |
| **Fungo** | Svamp |
| **Insalata** | Salat |
| **Melanzana** | Aubergine |
| **Patata** | Kartoffel |
| **Pisello** | Ært |
| **Pomodoro** | Tomat |
| **Prezzemolo** | Persille |
| **Rapa** | Majroe |
| **Ravanello** | Radise |
| **Scalogno** | Skalotteløg |
| **Sedano** | Selleri |
| **Spinaci** | Spinat |
| **Zenzero** | Ingefær |
| **Zucca** | Græskar |

## *Vestiti*
### Tøj

| | |
|---|---|
| **Abito** | Kjole |
| **Braccialetto** | Armbånd |
| **Camicetta** | Bluse |
| **Camicia** | Skjorte |
| **Cappello** | Hat |
| **Cappotto** | Frakke |
| **Cintura** | Bælte |
| **Collana** | Halskæde |
| **Giacca** | Jakke |
| **Gonna** | Nederdel |
| **Grembiule** | Forklæde |
| **Guanti** | Handsker |
| **Jeans** | Jeans |
| **Maglione** | Sweater |
| **Moda** | Mode |
| **Pantaloni** | Bukser |
| **Pigiama** | Pyjamas |
| **Sandali** | Sandaler |
| **Scarpa** | Sko |
| **Sciarpa** | Tørklæde |

## *Virtù #1*
### Dyder #1

| | |
|---|---|
| **Affascinante** | Charmerende |
| **Affidabile** | Pålidelig |
| **Appassionato** | Lidenskabelig |
| **Artistico** | Kunstnerisk |
| **Buono** | Godt |
| **Curioso** | Nysgerrig |
| **Decisivo** | Afgørende |
| **Divertente** | Sjov |
| **Efficiente** | Effektiv |
| **Generoso** | Generøs |
| **Indipendente** | Uafhængig |
| **Intelligente** | Intelligent |
| **Modesto** | Beskeden |
| **Paziente** | Patient |
| **Pratico** | Praktisk |
| **Pulito** | Ren |
| **Saggio** | Klog |
| **Utile** | Nyttig |

# Congratulazioni

**Ce l'hai fatta!**

Speriamo che questo libro vi sia piaciuto tanto quanto a noi è piaciuto concepirlo. Ci sforziamo di creare libri della più alta qualità possibile.
Questa edizione è progettata per fornire un apprendimento intelligente, di qualità e divertente!

Le è piaciuto questo libro?

-------

## Una Semplice Richiesta

Questi libri esistono grazie alle recensioni che pubblicate.

Puoi aiutarci lasciando una recensione
ora a questo link ?

BestBooksActivity.com/Recensioni50

# SFIDA FINALE!

## Sfida n°1

Sei pronto per il tuo gioco gratuito? Li usiamo sempre, ma non sono
così facili da trovare - ecco i **Sinonimi!**

Scrivi 5 parole che hai trovato nei puzzle (n° 21, n° 36, n° 76) e prova a
trovare 2 sinonimi per ogni parola.

### Scrivi 5 parole del **Puzzle 21**

| Parole | Sinonimo 1 | Sinonimo 2 |
|---|---|---|
|  |  |  |
|  |  |  |
|  |  |  |
|  |  |  |
|  |  |  |

### Scrivi 5 parole del **Puzzle 36**

| Parole | Sinonimo 1 | Sinonimo 2 |
|---|---|---|
|  |  |  |
|  |  |  |
|  |  |  |
|  |  |  |
|  |  |  |

### Scrivi 5 parole del **Puzzle 76**

| Parole | Sinonimo 1 | Sinonimo 2 |
|---|---|---|
|  |  |  |
|  |  |  |
|  |  |  |
|  |  |  |
|  |  |  |

# Sfida n°2

Ora che ti sei riscaldato, scrivi 5 parole che hai trovato nei puzzle n° 9, n° 17 e n° 25 e cerca di trovare 2 contrari per ogni parola. Quanti ne puoi trovare in 20 minuti?

*Scrivi 5 parole del* **Puzzle 9**

| Parole | Antonimo 1 | Antonimo 2 |
|--------|------------|------------|
|        |            |            |
|        |            |            |
|        |            |            |
|        |            |            |
|        |            |            |

*Scrivi 5 parole del* **Puzzle 17**

| Parole | Antonimo 1 | Antonimo 2 |
|--------|------------|------------|
|        |            |            |
|        |            |            |
|        |            |            |
|        |            |            |
|        |            |            |

*Scrivi 5 parole del* **Puzzle 25**

| Parole | Antonimo 1 | Antonimo 2 |
|--------|------------|------------|
|        |            |            |
|        |            |            |
|        |            |            |
|        |            |            |
|        |            |            |

# Sfida n°3

Grande! Questa sfida non è niente per te!

Pronto per la sfida finale? Scegli 10 parole che hai scoperto nei diversi puzzle e scrivile qui sotto.

| | |
|---|---|
| 1. | 6. |
| 2. | 7. |
| 3. | 8. |
| 4. | 9. |
| 5. | 10. |

Ora scrivi un testo pensando a una persona, un animale o un luogo che ti piace.

*Puoi usare l'ultima pagina di questo libro come bozza.*

## La tua composizione:

# TACCUINO:

# A PRESTO!

*Tutta la Squadra*

SCOPRIRE
GIOCHI
GRATIS

GO

↓

BESTACTIVITYBOOKS.COM/FREEGAMES

www.ingramcontent.com/pod-product-compliance
Lightning Source LLC
Chambersburg PA
CBHW082044120626

46553CB00011B/3287